これからやってくる素晴らしい世界の話

ヒロ　カズマ

自由国民社

プロローグ

この本を書き出したときには、想像もしていなかった、新型コロナが始まり、あっという間に世界を席巻しました。

でも今、この本の原稿を読み返すと、世界中の秘境を巡った僕の旅は、実はすべてこれからの時代の準備だったということがわかります。

新型コロナが始まる、4年前、2016年。
まだ世界が、何の心配もなく旅ができたころです。

僕は、南米エクアドルに向かいました。
熱帯雨林アマゾンの真っ只中に住む先住民アチュアル族に会いに行くためです。

アチュアル族は、お金というものを持たずに何千年も暮らしてきた部族です。

そんな彼らが、私達の文明にメッセージを伝えるため、何千年の沈黙を破りコンタクトを取ってきたのです。

その真意を、直接、聞きたいと思い、僕はジャングルの奥地に入っていきました。


その奥地で、さらに驚くような話を耳にしました。

南米のシャーマンたちに広く伝わるという神話です。


その神話によると、私達の文明も彼らの文明も近い将来、絶滅の危機に陥るといいます。


でも、2つの文明がお互いに理解し合い、ひとつに融合していくなら、絶滅の危機を乗り越え、人類全体が、新しいレベルの生き方をするようになる。

そして、共に繁栄していくというのです。

まさに今回のパンデミックを予見していたのではないかと思えるような神話です。

僕は、このとき、強烈に願いました。

「この2つの文明がどのように融合するのか知りたい。世界中を周ってでも、それを知りたい！」と。

その願い通り、なにかに導かれるように、僕は、インド、グリーンランド、カナダの北極圏、ヒマラヤ、ヨーロッパ、最後にアメリカのセドナ経由で2度目のアマゾンに向かいました。

そして、2つの文明の融合点を探したのです。

本書では、僕が、旅を進めるたびに気がついていった大切なエッセンスをまとめました。

その中には人類全体としての課題。新しいお金のあり方。僕たちの文明と先住民族の文明の融合点から見た新しい人類の姿。さらに、この大変化の時代の中、僕たちが、幸せに暮らす秘訣や、難局を生きのこるための心構えも書き込んでいます。

それでは、旅とともに人類の新しいステージを探求するストーリーを、お楽しみください。

これからやってくる素晴らしい世界が垣間見られることでしょう。

目次

第2章　インドでシンクロニシティに身を任せる

第3章　会いたい人に会いたい時に会いに行く

第4章　世界の屋根で見つけた融合点

第7章 再び南米アマゾンへ

第１章

南米のジャングルに生きる人々の叡智

未知な生き方をしている人々に会いにいく

「お金という概念すら持たないアマゾンの先住民って、どんな暮らしをしてるんだろう?」

赤道直下の国、南米エクアドル。広大な熱帯雨林ジャングルが内陸部に広がります。このエクアドルのジャングルに暮らす先住民アチュアル族は、お金のことをごく近年まで知りませんでした。お金というコンセプトを持たずに何千年も暮らしてきたのです。

そんな彼らの暮らしが、どんなものなのか見てみたいと思いました。

しかも、彼らは、僕たちの文明に、警告とも取れるような言葉を発信していたのです。

「あなたたちの文明は、『もっともっと』という考えと、『足りない』という悪夢の中で暮らしている」

そんな意味合いのメッセージです。


本当にこれを言ったのでしょうか?

どのような背景で、それを言ったのでしょう。

また、20年前に初めて伝えられたこのメッセージ、今現在、少しは変わったのでしょうか?


僕は、直接彼らに会いに行き、その真意を聞いてみたくなったのです。


アチュアル族が暮らすのは、エクアドルとペルーの国境付近、アマゾン川の源流に近いところで、熱帯雨林ジャングルの最深部ともいえるような場所です。

彼らのことを知ったのは、アメリカ人慈善実業家リン・トゥイストさんの講演でした。彼女は、もともと世界の飢餓撲滅運動の資金調達をしていました。マザーテレサやダライ・ラマとも活動を共にしていました。その後、彼女は、アマゾンの先住民族を守る活動を始めたのです。

アマゾンの人々がどれほど危機感を感じているのか? 資源開発によってアマゾンの森が、どのような状態になっているのかを語ってくれました。

そして、その先住民の人々は、お金というコンセプトもなく暮らしていて、いまはお金のことを学びながら、こちら側の世界と繋がりだしていると教えてくれたのです。

それまで人生の中で一度も、アマゾンの奥地に行きたいと願ったことがなかった僕ですが、リンさんの話を聞いて1年半後、そのとき紹介してもらった環境保護団体セブンジジェネレーションズのみなさんと共に、熱帯雨林アマゾンの最深部に向かったのでした。

人生の中で、価値観が大きく揺さぶられるようなことを体験すると自由度が増します。その価値観の揺れ幅が大きければ大きいほど、その後の人生で、受け入れられる度合いが広くなるからです。

僕のメンター（人生の師）は、

「頭を殴られたと思うぐらい、価値観を揺さぶらせてくれる人に定期的に会ったら良い」

と、教えてくれました。

このときのアマゾンの先住民アチュアル族との出会いは、僕の人生の中でも最大級に価値観を揺さぶられるものになったのです。

お金という観念すら持たないって？

「お金の観念がない」とは、どういうことでしょう？

南米アチュアル族の人々は、何千年もお金を持たずに暮らしてきました。実際に彼らを見たとき、とてもインテリジェンスに満ちた人々だという印象を持ちました。静かに森と繋がりながら暮らしていました。

彼らに会う前は、アマゾンの先住民族は、もっと原始的で粗野な人々だと思っていました。テレビで見るような攻撃的な先住民は、どうやら幻想なのでしょう。

それでは、ちょっと想像してみてください。

あなたが、産まれたときからお金というものを持たないコミュニティーで育ったとします。必要なものは、誰かからもらうことができます。

村の誰かが獲物を仕留めたら、必要な人に必要なだけ分け与えられます。誰も独り占めしようと思いません。仕留めたハンターですら、必要な量だけ受け取ります。

住む家や納屋が必要になったら、村のみんなが総出で手伝ってくれます。それに対する報酬とかもありません。ただ笑いながらみんなが手伝ってくれるのです。

そんな村で育ったあなたが、こちら側の世界に暮らしたとします。

食べるものは、どうしたらいいでしょう？　誰も与えてくれません。

餓死しそうになっていても、誰も分けてくれないかもしれません。スーパーに山積みの果物も、勝手に取ることはできません。

眠るところが必要なので、家を建てようと思っても、周りの人は誰も手伝ってくれません。

ジャングルに住む人にとって、ジャングルの外の人々の暮らしは、誰もが意地悪で足を引っ張り合っているようにしか見えないのです。

ジャングルに住む人は、必要なものしか欲しがりませんが、ジャングルの外の人々は、誰もが必要のなさそうなものまで「もっと、もっと」と欲しがります。

そして、いつか何かが足らなくなるのではないかと、恐れながら暮らしているのです。


僕たちは、本当に進化したのでしょうか？

公衆衛生も良くなりました。乳児の死亡率も激減しました。食べ物も栄養価が上がりました。高速で移動することも、宇宙まで飛ぶことも覚えました。

でも、周りの人と繋がるということでは、ジャングルに暮らす人の足元にも及ばなくなってしまいました。


それでは、さらに想像してみましょう。

もし、今のテクノロジーを持ちながら、ジャングルの人々が持っている人や自然と繋がりながら、共存共栄していく感性を持てたとしたら？

僕たちは、いったいどんな世界に住めると思いますか？

僕は、その可能性を見つけようと旅を始めました。

正確に表現すると、それを知りたいと強烈に願ったときに、次々と世界の僻地や特別な場所に連れて行ってくれる人が目の前に現れてきたのです。

僕は、シンクロニシティ（意味のある偶然）に導かれて、２つの世界、彼らの文明と僕たちの文明の融合点を探す旅を始めたのでした。

ミニワーク

お金に関連することをどれくらい考えてる？

僕たちの文明では、普段、お金のことを考える時間が多いと思います。

「安い」「高い」「儲かる」「儲からない」「損だ」「得だ」「年収が高い」「低い」などなど。

あなたは、一日のうち、どれくらい、お金に関することを考えていますか？　普段の生活を送る上で、一日何回くらい考えるでしょうか？

また、あなたの人生全体を見てみましょう。

お金は、あなたの人生にどんな影響を与えていますか？

飢えるという心配がない世界

アマゾンのアチュアル族は、所有という概念がありません。私のもの、あなたのもの、誰かのものという区別がないわけです。

そんな彼らは、ジャングルのことを、なんでも揃っている無料のスーパーマーケットだと言います。ジャングルで暮らすための必要なものがすべて森にあるからです。

それを私たちの文化に置き換えてみましょう。

もし、私たちの街にあるスーパーマーケットで生活に必要なものは、すべて無料だったとしたら、どんな感覚で生きているでしょうか？

必要があれば、スーパーに行って牛乳やパンを取ってこられる。家族の分や隣の寝たきりのおばあちゃんの分も取ってこられる。

もしそんな感覚で生きていたとしたら、どれだけ生きることへの安心感につながるでしょうか。

飢えることがない世界。

生きることに関して必要なものは無償で提供される世界。

何もしていなくても、生きるのに必要なものはそこに行って取ってくればよいという安心感。

そんな世界で生きているのがアチュアル族なのです。


アチュアル族の基本的な食べ物は、**チチャ**という芋のスープです。

キャッサバというサツマイモに似た繁殖力旺盛な芋を使います。

温暖な熱帯雨林ですから、植えると、どんどん育ちます。それを収穫して芋を煮てドロドロにします。それに唾液を混ぜるのです。煮た芋をクチャクチャ口で噛みながら唾液を混ぜ、唾液が大量に混ざった芋を瓶に入れて数日発酵させると芋のスープ「チチャ」の完成です。

チチャは各家庭で作っていて、お家に行くと誰彼なしに振る舞われます。それも、何杯も。飲み干すと、また入れてくれるので、まるで「わんこそば」状態です。

アチュアル族は、このチチャだけで基本的には生きていけます。それにプラスして、週2回の男たちの狩りの獲物をコミュニティー全体で分け合います。

アチュアル族は、森に行けば得たいものは得られると知りながら生きています。僕は、この感覚が融合点に深く関係しているのではないかと思いました。

でも、それを私達の文化にどのように応用するのか、具体的な方法は、この時点では想像がつきませんでした。

それを知るには、この後、たくさん旅を重ねる必要があったのです。

ミニワーク

飢えることがなかったら？


あなたは、一生涯、飢える心配をしなくてよいとしたら、どんな風に生きると思いますか？

何もしなくても食いっぱぐれがない状態。そんな状態が続くとしたら、いったい何を基準に生きるようになるかを想像してみてください。

それは、いま普通に生きているときに想像するものと違いますか？

それとも、同じでしょうか？

「もっともっと」と「足りない」と思っていることに気づく

アチュアル族に会いに行きたくなったのは、彼らが僕たちの文明に警告ともとれるメッセージを発信しているとリン・トゥイストさんから聞いたからです。そのメッセージは、

「あなたたちは、『もっともっと』という考えと『足りない』という悪夢の中で暮らしている」


そのような意味をもつものでした。

これは「悪夢から目覚めなさい」ということなのでしょうか？

何千年もこちら側の文明にコンタクトを取ってこなかった南米アマゾンの奥地で暮らす部族が、１９９０年代に、わざわざ送ってくれたメッセージです。

「それは、ぜひとも聞きに行かなければ！」と思いました。

とくに僕が聞きたかったのは、

「20年以上経った今、なにかメッセージに変化はあったのか？」
「そもそも、本当にそんなことを言ったのか？」
「誰がそれを言ったのか？」

ということです。

先住民のアチュアル族が住むのは、エクアドルとペルーの国境地帯に広がるジャングルの最深部です。その場所に行ってみて、僕は、大きな勘違いをしていることに気がつきました。

遠く文明を離れてみて、初めてわかったことです。

「あなたたちは、『もっともっと』という考えと『足りない』という悪夢の中で暮らしている」

このメッセージは、警告というより、僕たちの文明に対する、**素直な感想**だったのです。

ジャングルの中で、所有という概念もなく、コミュニティ全体が助け合って暮らしている。

そんな彼らが、街に出て、僕たちの生活を見ると、彼らの誰もが持つ、当たり前の感想だったのです。

街では待っていても、誰も食べ物をくれません。誰も助けてくれません。

僕たちの文明は、みんな「もっともっと」と、何かが欲しいと思っています。そのうえ、何かが足らなくなったらどうしようと心配しながら暮らしているのです。

アチュアル族から見たら、まるで悪夢です。

「みんな悪い夢にうなされていて。気の毒な人々だ……」

そんな風に思ってくれたのかもしれません。

僕が知りたかった3つのことは、意味がなくなりました。


「本当にそう言ったのか?」→彼らの感想として当然のことでした。

「20年経って変わったのか?」→20年経っても変わりません。

「誰が言ったのか?」→アチュアル族の誰もがそう思うでしょう。


僕たちの文明は、ほとんどのことが、お金が介在して成り立っています。

その結果、「もっともっと」と「足りない」という生き方になってしまいました。

それに対して疑問すらありません。

僕たちが本当に次のステップに進むためには、お金というものとの付き合い方を進化させることが必要です。
それが、これから僕たちの世界が進んでいく方向性です。

ミニワーク

あなたのもっと欲しいものと、足りないものは？

あなたの「もっともっと」欲しいと思うものは何ですか？
それでは、あなたが「足りない」って思っているものは何でしょう？
あなたの中で不足感があるものを、リストアップしてください。
あなたは、何が欲しいと思っているのでしょう？

ジャングルを抜けてアマゾンの奥地に

日本からアチュアル族の村に行くには、まずエクアドルの首都キトに向かいます。キトは、赤道直下の街。アンデス山脈の麓にあり、標高は２８５０ｍです。そのため空港に降り立った瞬間から、気圧の低さを体感することになります。たとえば、スーツケースを持って小走りすると、とたんに息が切れます。高山病予防薬は必需品です。

アチュアル族に会うためには、そのキトから、バスで一日かけてジャングルの入り口の町プヨまで移動しなければなりません。

エクアドルの中南部にあるプヨで一泊して、プヨの小さな空港から小型飛行機に乗ってジャングルに飛び立ちます。

眼下にはすぐに未開のジャングルが広がります。まるで緑の絨毯《じゅうたん》のようです。この何千平方㎢も広がるジャングルを見ていると、緑の超巨大生物に飲み込まれるんじゃないかという錯覚に陥ります。

この飛行機で2時間ほど飛ぶと、ペルーとの国境近くのジャングルになり、そこへ降下していきます。滑走路は、ただジャングルを切り開いただけのものです。しかも、ジャングルでは毎日雨が降るので、いたるところにぬかるみがあります。
パイロットは、そんな中躊躇《ちゅうちょ》なく飛行機を着陸させます。機体は泥だらけになります。

そのランディングポイントから、今度はアマゾン川の支流をボートで降ります。木をくり抜いた、すぐに転覆しそうなボートです。
そのボートで長い時間移動して、最後はジャングルの中を歩きます。

長靴なしでは歩けないドロドロの道。当たり前ですが、虫もたくさんいます。

いつ果てるとも知れないジャングルの中を行くと、ようやく、アチュアル族の村の外れに到着です。

そこはアチュアル族が外部の人を招く時に使う施設で、彼らの村からは小一時間ぐらい離れた場所にあります。

壁のない、屋根だけの家。

そこでの体験は、一生涯忘れられないものになりました。

新しくて未知な環境。それはときに、人の価値観を大きく変化させます。

そして、面白いユニークな体験は、自分

とは何かを教えてくれたり、自分は何が楽しくて、何が嫌なのかも教えてくれます。アマゾンの奥地に行くような体験は、究極の自分を見つけるための旅になるのです。

本当に「壁がない」生き方

その壁のない屋根だけの家は、ティンカス・ロッジと呼ばれていました。そこに5日間ほど滞在しました。

ティンカス・ロッジは、僕たちのような訪問者のために、アチュアル族が作ってくれている宿泊施設です。彼らが暮らしているのと同じ作りになっていて、壁はありません。ただ柱と屋根があるだけです。床は、1mぐらいの高床式になっていました。そこに、それぞれのベッドがあり、一つひとつに小さな蚊帳《かや》がかけられていました。

壁のない家は、見渡すとみんなが視界に入ります。比較的広いエリアにロッジは点在していて、それを橋のような通路で繋いでいます。距離があるので何をしているのかは見えませ

ん。でも、そこにいるのはわかります。

そして夜。ジャングルは、夜行性生物がうようよ蠢《うごめ》きます。その場所で、薄い蚊帳一枚だけを頼りに寝るのです。

当然、眠りながらも、神経は最大限に働きます。何か近くで音がすると、すぐに目が覚めるような状態です。

そんな環境だからこそ感じた感覚がありました。

それは、仲間と**「繋がっている」**という感覚。

そして、それによる「不思議な安心感」でした。

これがかなり深い場所から来ているとわかったのは、そこを離れた後でした。

違うエリアのアチュアル族が提供してくれた、しっかりした壁があるロッジに移動したのです。

一人部屋をあてがわれたこともありましたが、その部屋に入った瞬間、「強烈な分離感」と

「不安」を感じたのです。

壁を隔てた向こう側に、誰かがいるのはわかっていました。

そして、しっかりした壁がジャングルの危険な毒ヘビ、毒虫、猛獣から守ってくれるのは頭では理解できていました。

でも、仲間の姿が見えないのです。

物理的な壁によって繋がりが断たれたのです。

自分の中のこの感覚は、とても面白いと感じました。

きっと、「仲間から離れて過ごすことは、死を意味する」太古の人類が感じていたのと同じ感覚を、僕は感じ取っていたのでしょう。

現在のアチュアル族が暮らす家にも、壁がありません。

蚊帳も最近までありませんでした。

高床式にもなっていなくて、大地と接しながら暮らしています。

彼らの家族や仲間との一体感、所有欲のなさ、自然との繋がりは、この彼らの住居スタイルとも関係がありそうです。

昔、日本ではフスマとショウジの文化でした。そのときは、隣の部屋で眠っている家族の寝息や気配を感じられたことでしょう。人と人との関係性を重んじる日本文化は、このあたりに起因している可能性があります。一方の西洋では、石やレンガの壁でした。より独立心や独自性を育めたとも考えられます。

アチュアル族の壁のない生き方。西洋文化の壁のある生き方。その中間の和の生き方。融合点として、日本の伝統的な生き方が参考になりそうです。

コラム

アチュアル族から学んだ、アフターコロナで必要なもの

新型コロナのパンデミックでは、世界中の人々がソーシャルディスタンスという名のもとに、距離をとって生活することを余儀なくされました。

さらにオフィスでは、リモートワーク。学校ではオンライン授業。自宅で誰とも交わらずに一日を過ごす人が世界中で増えていきました。

そして、お祭り、音楽イベント、スポーツ観戦、式典などがなくなり、ますます人が直接触れる機会が少なくなりました。

このような強烈な分離感を世界同時に体験したのが、新型コロナのパンデミックでした。

人は、失って初めて理解します。

アマゾンのジャングルで体験したあの分離感。新型コロナで世界中の人々が感じたものと同じものです。

あの分離感を感じたあと、僕は、自然に仲間との繋がりを大切にするようになりました。

コロナウイルスによる分断を越えた新しい時代。世界中の人々が繋がりを「自然」に「自発的」に大切にしていくことになるでしょう。

僕たちは再び、繋がっていくのです。

すべての重要な決断は「夢」で決める

ジャングルでの一日は、とても早く始まります。

空が白みはじめる前から、鳥たちが目覚めるからです。


まず、どこかの鳥が鳴き出します。

すると、それに呼応して森の反対側で何かが応えます。

そして、また反対側で、さらに、また反対側で……いつの間にか、森全体で大合唱です。

鳥も猿も動物たちも生きていることを喜んでいるみたいに声を上げます。中にはサイレンみたいな雄叫びを上げる生き物もいます。


アチュアル族の人たちも、同じように空が明るくなる前に起き出します。

起きたら、まず火を起こしユワサというお茶を飲みます。

そのお茶をガブガブ飲んで、お腹をいっぱいにしたところで、それを吐き出します。胃洗浄みたいなことをするわけです。

そのあと集まって、**昨晩見た夢を一人ひとりシェア**します。

全体の夢がシェアされたら、その日何をするかを決めます。

いい夢が多かったら狩りに。

悪い夢が多かったら、その日は、何もしないで、のんびりしておきます。

夢で何をするかを決めるのが、彼らのやり方です。

アチュアル族は、現実は夢が映し出されたもので、夢が本当の世界だと考えているからです。

あるとき、多くの人が、悪い夢を見続けたことがありました。

その原因をいろいろ探ってみると、外の世界に関係するみたいでした。

そこで、尖兵隊を送って彼らのテリトリーの外を探ってみました。

すると、隣の部族では、地下資源を巡って文明社会と紛争が起こっていました。

地下資源開発会社がジャングルに眠る膨大な資源を狙っていたのです。

それが1990年代のことです。
こちら側の文明とアチュアル族が本格的にコンタクトを始めたのは、それからのことです。

ジャングルの奥地にまで開発の手が伸びています。
いやおうなしに2つの文明は触れ合うでしょう。
それは、最悪のシナリオでしょうか。それとも、最高のシナリオになるのでしょうか?

大きなターニングポイントが近づいています。

コラム

能「邯鄲《かんたん》の枕《まくら》」で表現されている夢と現実の世界

能の演目のひとつに「邯鄲の枕（かんたんのまくら）」というものがあります。

昔、中国の越の時代に「盧生」という若者が人生の目標を探しに旅に出ました。
その道中の宿で、夢が叶うという仙人の枕を授かります。
早速それで眠った盧生は、つぎつぎ夢を叶えて、やがては国王になり、長い一生を終えて眠るように死にました。

ふと盧生が目を覚ますと、それは宿の一室でした。
長い一生と思ったのは、たった一夜の夢だったのです。

人生の栄枯盛衰を体験した盧生は、悟りを得て国に帰っていったのでした。

アチュアル族のように、現実の世界は夢で、夢の世界が現実として生きてみるのも面白いかもしれません。
もっと軽やかに生きていくためのヒントになりそうです。

アマゾンのシャーマンによる深い儀式

8時間ジャングルを歩いて、シャーマン（巫師、祈祷師）が僕たちに会いに来てくれました。

ジャングルを歩くとわかりますが、道標はありません。（僕たちにはわからなくて彼らにだけわかるサインがあるのでしょう）ずっと緑が続きます。誰かが通ったであろう道（トレイル）はあります。でも、緑の力が圧倒的に強いのがジャングルです。時には、その道もなくなったりします。

そんなところを、わざわざ来てくれました。

どの先住民族にもシャーマンがいます。北米大陸のネイティブアメリカン、オーストラリア大陸のアボリジニ、北極圏のイヌイット、そして、太古の日本にも。どの地域のシャーマンも、深い精神状態に入ってお告げをしたり、儀式のガイドをしたり、治療のようなことをします。

地球上のどの地域にも同じような形でシャーマンがいるところをみると、人類が授かっている基本的な能力なのでしょう。

アチュアル族のシャーマンは、僕たちに深い儀式を授けてくれました。

一昼夜かけて行う本格的なものです。

熟練したシャーマンだったので、僕たちは安心して彼のガイドに従いました。深夜のジャングルで、大地に寝転がり、深い精神状態に数時間入ることができました。

翌朝、それぞれが見たビジョンのようなものを、シャーマンは読み解いてくれました。

僕が見たのは、あるシンボル。なぜか、スーパーマンの「S」のマークでした。シンプルで力強いものでした。

その意味は、わかりやすく「勇気」と「希望」。そして、地球を巡るだろうと、シャーマンは僕に語ってくれました。

もしかしたら、このときに、その後の僕の人生が運命づけられたのかもしれません。

あるいは、やりたいことが無意識にわかっていて、それがはっきり認識できた瞬間だったのでしょうか。

アチュアル族の人々は、何かを決断する前には、必ずこのような儀式を行います。

シャーマンは、夢を読み解いてくれますが、ああしろ、こうしろとの指図はしません。決断は本人がするものです。そして、一度、お告げで出てきたことは変えません。YESだったらYES、NOだったらNO。

アチュアル族の人々は潔いのです。


このシャーマンを中心とした、アチュアル族の文化も、僕たちの文明と交流を始めると簡単に崩壊してしまう可能性があります。


たとえば、子どもが毒ヘビに噛まれたとします。

いままでなら、シャーマンの持っている知識で森にある薬草を与えたり、何かの呪文を唱えるなどのことをしていたでしょう。そして、多くの場合、亡くなってしまいます。

それが、僕たちの文明と触れることでコミュニティの人々は、子どもを街まで運んで血清を打てば助かることを知ってしまいました。

シャーマンよりも、効果的なものが出来てしまったのです。

今まで絶対的だったものが、二番手、三番手になってしまうのです。

さらに、子どもを助けるためにはお金が必要なことも。街まで運ぶのに飛行機に乗せなくてはなりません。さらに、病院での支払いも必要です。

彼らの文化に「お金」という、新しくて強力な要素が加わってきました。

文化人類学では、異なる文明の初めての出会いを「ファーストコンタクト」と呼びます。発達程度の開きがある文明が出会ったとき、優勢な方の価値観が劣位な方へ一方的に移植されていきます。

そのことをわかっていたので、アチュアル族の人々は、これまで、こちらの文明に接触してこなかったのです。

でも、もう始まってしまいました。

後戻りできないのです。

ミニワーク

勇気があったらできること

勇気があったら、どんなことができるでしょう?
どんな自分を発見できるのでしょう。
ほんの少し、勇気を人生に足してみて、一歩踏み出してみる。

あなたには、何ができそうですか?

「コンドルとイーグル」の伝説

南米には、たくさんの先住民族が暮らしています。
その中でもアンデス山脈に暮らす部族に伝わるのが、リン・トゥイストさんの著書『ソウル・オブ・マネー』にも詳しく書かれてある、「コンドルとイーグル」の伝説です。

（※コンドル＝タカ目コンドル科の鳥の総称。イーグル＝鷲《わし》。タカ目タカ科の鳥のうち大形のものの呼称）

彼らの伝説では、昔、人はひとつの種族でした。

それがあるとき、自然との調和を大切にするコンドル族と、思考や科学を好むイーグル族に分かれてしまいました。２つの種族は別々に進化しました。

でも、あるとき2つの種族は、どちらも滅亡の危機に陥ったのです。

コンドル族は、物理的な欠乏で、イーグル族は、自滅的な危機からです。

そして、それは、ちょうど現代のことだそうです。

この後、２つの種族は、お互いを認めあい、２つの種族の融合により、新しい人類として生まれ変わります。大いなる繁栄を謳歌するのです。

僕は、このお話を、ダニエル・クーパーマンというエクアドル人から、アマゾンの熱帯雨林ジャングルの真っ只中、アチュアル族の村からの帰り道に聞きました。

ダニエルは、南米中のシャーマンと関わりのある特別なガイドさんです。アチュアル族の保護団体の創設メンバーで、その団体を設立するきっかけを作った人でもあります。

ダニエルから、この南米に伝わる伝説を聞いた時、僕は人類に対する大きな希望をもらいました。でも、同時に疑問も生まれました。

「2つの文明の融合ポイントはどこだろう?」

現代人の科学をベースにした価値観と、自然と一体化して暮らす人々の価値観との間には、大きな隔たりがあります。

スマホ、コンビニ、自動車を使いこなす現代人。

太陽、雨、土、昆虫、動物、ヘビ、爬虫類がたくさん住むような場所で生きることができる先住民。

その2つが融合することは可能なのでしょうか?

僕は、強烈にその「融合ポイント」が知りたいと思いました。

こちらの文明の人が、いまさらスマホを捨てることはできないでしょう。

また、アンデス山脈で暮らす人々やジャングルで暮らす人々が、すぐに様々なテクノロジーを導入するのは危険です。種族のアイデンティティがなくなり、何千年も山やジャングルで生き続けたコミュニティーが崩壊してしまいます。

どこが安全で繁栄のあるランディングポイントなのでしょうか?

2つの世界が融合するポイントが知りたい。僕は強烈な想いに駆られたのでした。

ミニワーク

あなたが「絶対に知りたい」ことは?

あなたの知りたいことは、何ですか?

命がけとまで言うと大げさですが、少々の難関ならば越えていっても知りたいと思うことは何ですか?

あなたが死ぬまでに、見ておきたいこと、知っておきたいことは何でしょう?

僕は、「人が公平で自由になる世界」を見てみたいです。

融合点を探しに新たな旅に出る

アチュアル族の村を離れてからも、「コンドルとイーグル」の話が頭から離れません。

このときの旅で、アチュアル族がどのような種族でどのようなメンタリティで生きているのかが、おぼろげながらわかってきました。

今思うととても恥ずかしいですが、アマゾンに入る前は、アチュアル族はもっと暴力的で野生そのものの人々で、お話もあまりできないんじゃないかと思っていました。槍で襲われる可能性があるかもしれない…なんて。

それが、あれだけ叡智に溢れ、高い直感力をベースに暮らしている人々だったと知り、驚き以外の何物でもありませんでした。

コンドル族（自然と調和しながら生きる種族＝アンデスやアマゾンに暮らす多くの先住民族）と、イーグル族（思考と科学に生きる種族＝私達の文明）の融合。

僕はどうしても、その融合ポイントが、知りたくなりました。

緑の超巨大生物、樹齢何百年であろう巨木に願いました。

「どうか、その融合点を教えてください。

それを知ることができるのなら、僕は世界のどこにでも行きます」

帰りの道中も、そのことばかりを考えていました。

2つの文明の間のどこが、融合点なのか？

僕たちの文明は、これからも石油や石炭や鉄鉱石を世界中で掘り続けるでしょう。

環境汚染、人口爆発問題、地球温暖化……こちら側の世界だけを見たら、世界は末期症状に思えます。

テクノロジーと自然との調和。もし、2つが融合して素晴らしい世界が待っているとすると、それはどんなルートなのでしょうか？　もし、あるとしたら……。

南米から日本に帰国してからは、しばらく、ジャングルの思い出に浸っていました。

また、日本の各地で、アチュアル族のお話をしました。

それから、数カ月。

一段落してから受け取ったメッセージは、テクノロジーを通して送られてきました。

新しい旅の始まりです。

コラム

シャーマンから教わった、人生の目的を知るテクニック

アマゾンのシャーマンに教わったテクニックがあります。
人生の目的など、深いことを聞きたいときに使います。

まず質問を自分に投げかけ、そのまま答えを考えないで、放置します。ただ質問だけするのです。それを毎日続けます。

そうしていると、ある時、閃《ひらめ》きのように答えが降りてくるそうです。

いつ降りてくるのかはわかりませんが、それが授かった瞬間は、はっきりとわかり、とても明確です。

思考するよりも直感に委ねる、先住民らしい方法です。

第2章

インドでシンクロニシティに身を任せる

新しい展開はシンクロニシティから始まる

２つの世界の融合点を知りたい。そう願ったのが２０１６年の秋です。
そして、次のメッセージが来たのは翌年の春でした。

ある日、Facebook を開くと何度も何度も、しつこいぐらい4年前に書いた記事が出てきました。その記事は、２０１３年に行ったインドの特別な旅に関して書いたものでした。

「アガスティアの葉」。

５０００年前のインドの聖者アガスティアが書いたとされる預言書で、その葉（預言書）を見に来た一人ひとりに対して、個人的な運命が書かれた手紙があるというのです。

南インドのチェンナイの郊外に、その書簡を保管している館があります。

そこに行くと、聖者アガスティアから自分宛てに書かれた預言書を探し出して解読してくれます。

預言書は、古代タミール語で書かれているので、まず現代タミール語に翻訳してもらいます。そして、それをヒンズー語に直してもらい、ヒンズー語から日本語に翻訳してもらうのです。

3人の翻訳家が並んでリレー形式で伝えてくれます。

インドは、不思議な国です。日本に当てはめて考えてみると、「空海や聖徳太子が、現代人に個人的な手紙を書いてくれていて、その手紙には、その人の運命が事細かく書かれている」というようなコンセプトなのです。信じられますか？

でも、それをインドの片田舎まで見に行ってしまう僕は、相当変わってますね。

ただ、そんな突拍子もないお話だからこそ、好奇心をくすぐられて行ってしまうのです。

このときは、2日間かけて僕宛ての書簡を探してもらいました。

そして、出てきました。全部で14枚の書簡が出てきました。約16000文字相当の預言が書かれていました。さっそく、解読してもらいました。

そこには、僕の人生を紐解くようなことが、かなりの精度で書かれていました。

そして、13枚目の書簡には、僕が再びインドを訪れ、インドの北の端から南の端まで訪問し各地にある寺院などをお参りすること。孤児院を訪ねてお布施することなどが記されていました。

このような記事をFacebookに書き込んでいたのです。
そして、その記事が、何度も何度も表示されるのです。
「4年前のあなたは、こんなことをしていました」って。
何か、背中を押されるような気分です。
そして、僕の内側にある心の声が、「行きなさい」って言っているようでした。

「わかりました。行きます、行きます」

ということで、インドに再び行くことにしたのです。
行くと決めてから3週間後には、インド縦断の旅に出ていました。

第二の扉は、インドです。人口13億人の巨大な国、インド。そのインドで、融合点を知るために経験しなければならないことが、いくつかあったのです。

ミニワーク

シンクロを生活に取り入れてみる

ふらっと入った本屋さんで偶然見つけた本。街で偶然出会う知人。電車の中でふと気になった看板。それらに突き動かされて行動してみると、思わぬ展開が始まったりします。心が自由な状態だとシンクロニシティに気がつきやすくなります。逆に余裕がないとシンクロニシティも起こりにくく、起こったとしても、それに付き合うことができません。

今日は、自分の身の回りに起こる「偶然」に注目してみましょう。ささいな偶然でも結構です。それに従って何かアクションを起こしてみましょう。

紙幣は一夜にして紙くずになることを知っておく

アガスティアの葉には、過去世のカルマ（業《ごう》）を浄化する方法が書かれています。

具体的には、インド各地を巡って祈りを捧げたり奉仕したりするのですが、人によってメニューや順番が異なります。

僕の場合は、「最初にガンジス川で沐浴《もくよく》してから南インドに行き、5つのお寺を巡る。そこから、護摩《ごま》焚《た》き行をし、孤児院に行き食事を恵み、最後に街で貧しい女性に着物をプレゼントする」というものでした。

この行程や作法が、アガスティアの葉に細かく指示されていました。

僕は過去世のカルマが、あるのかないのかに関しては、あまり興味がありません。でも、こんな機会にしかインドを縦断しながら、お寺を巡ったり、孤児院に行ったりすることはないでしょう。旅のきっかけとしては、とても面白いものだと思いました。

ただ、アガスティアの葉を見て、すぐその後に、インドを再訪して巡りたいとまでは思いませんでした。4年という歳月が経ち、アマゾンの旅を終え、Facebookの不思議な誘導もあり、このタイミングがちょうどよかったのです。

ということで、僕は、まずインドの首都であるデリーに飛びました。そこから、車で一日かけて北上します。ヒマラヤの麓、ガンジス川のかなり上流に向かいます。

ガンジス川の沐浴は、下流で行うと、とんでもなく不衛生だと聞きました。僕が行った上

流は、水が綺麗で魚がたくさん生息していました。早朝の沐浴では、頭まで21回、しっかり浸かりましたが、お腹を壊すことはありませんでした。

沐浴は無事すみましたが、お寺巡りで着用する白い着物を買いに行ったときに、体験すべきイベントが起こりました。

ガイドさんに現地の服屋さんに連れて行ってもらい、3000ルピー（4500円）で正装を購入しようとしました。4年前のインド旅行で1万ルピーほど現金が残っていたので、そのときのインドルピー札で払おうとしたところ、ガイドさんがあわてて僕を制止したのです。

「それを使ったら捕まりますよ」

びっくりしました。なんで?って。

ワケを聞くと、インドのモディ首相が、2016年11月8日午後8時に突如、インドの高額紙幣である1000ルピー札と500ルピー札を「今晩0時をもって廃止する」と宣言したのです。その翌日から旧紙幣は、使用できなくなり、銀行で新2000ルピー札と新500ルピー札に交換する必要がありました。しかも、その交換期限が2016年の年末までだったのです。

ということは、僕がインドに再び行った2017年3月の時点では、旧紙幣の1万ルピーは、まさに紙くず。一文の価値もないものになっていたのです。

紙幣は印刷されたただの紙。これを思い知らされる出来事でした。

お金は、社会全体の合意です。その合意が崩れると、夢まぼろしのように価値が消えてなくなるのです。


また、これとは逆の体験をしていたことも思い出しました。

20年以上前のオーストラリアでのことです。

当時、僕は日本とオーストラリアを定期的に行き来していました。

あるとき、日本からオーストラリアの銀行口座に50万円を送金しました。そしてオーストラリアに到着してから、銀行口座をチェックしてみると、なんと口座には60万豪ドルが入金されていたのです。

日本円で5000万円相当のお金です。ビックリしました。ATMで何度も確認しましたが、60万ドルと表示されます。日を変えて、試しに行きましたが、やはり60万ドルと表示されます。僕は、しばらく口座をそのままにしていました。そして、あるとき、100ドルをATMから引き出してみました。すると、1万ドルマイナスになりました。

これでわかりました。口座には60万ドル入っていたわけではなくて、6000ドル（50万円分）入っていたのです。為替システムのエラーで、小数点の位置を表示ミスしていたのです。

でも、このときの滞在期間中、とても豊かな気持ちで過ごせました。

なにしろ、形だけですが60万豪ドルが口座に入っているのですから。

毎日ウキウキしていました。懐が暖かいって感じです。

まさにインドとは違うバージョンの、**「お金は幻想だ」**という体験でした。

このインドでの体験、オーストラリアでの体験、そして、アチュアル族との出会いで、**豊かな気分になるかどうかは、お金があるかどうかとは関係ない**ことがわかりました。

豊かさは、明らかに気分的なものだと確信したのです。

豊かさは、外側にあるもので決まるわけではなくて、僕たちの内側の感覚で決まります。

もちろん、現実に持っている紙幣の価値がなくなったりするとショックは受けますが、最終的な豊かさ感は、自分自身で決めることができます。

だから、お金をたくさん持っているとか、持っていないとかは、関係なかったのです。

豊かさは、感じるもの。

それはいつでも、どんな状況でも、自分の中にあり、感じることができるものです。

ミニワーク

お金を100倍にすると？

銀行通帳を取り出してみましょう（近くになければ、イメージでも結構です）。その銀行通帳の残高に鉛筆でマルを2つ付けてください。桁を2桁上げてみるのです。残高が10万円だったら1000万円に。50万円だったら、5000万円にするわけです。そして、その金額が口座に入っていると想像してください。もちろん、実際には引き出せませんが、その気持ちの変化を感じてみるのです。

どんな変化が起こりますか？　心には？　身体には？

豊かな感覚が、あなたに及ぼす変化に気づいてみるワークです。これを繰り返し体験すると、上手に豊かさを感じるゾーンに入れるようになるでしょう。そうなると、あなたはもう、外側のことに煩わされることが少なくなります。

自分で自分の豊かさを決めることができるからです。

13億人が捨てる、恐ろしいもの

ガンジス川の沐浴を終えた僕は、デリーからチェンナイに飛びました。

そこから、車に乗り換えて、まずは、3つのお寺を巡ります。それぞれが数百km離れているので、参拝以外の時間は車での移動です。

お寺に着くとデリーで買った白装束に着替え、ガイドに用意してもらったフルーツを神前にお供えします。

面白いのは、毎回、ココナッツの実を供えるのですが、御神体に、ココナッツを割って中のココナッツジュースをかけるのが儀礼なのです。甘いココナッツの汁に虫が集まってこないのか、ちょっと心配でした。

翌日は、インドとスリランカの国境近くの、12の井戸がある古い寺院まで行きました。

一つひとつの井戸に井戸汲み人夫がいて、ロープの先にバケツをつけたもので汲み上げ、頭から井戸水をかけてくれます。

12の井戸を回り終えると、最後に、寺院の一番奥にあるシバ神とアールアの女神を祀《まつ》って、

そこの儀式は完了です。
合計すると1200㎞の移動でした。移動中、車の後部座席で、ずっと移りゆくインドの景色を眺めていました。(それ以外にすることはないので)
広大な大地……インド亜大陸です。
そして、そこに広がるのは、

「ペットボトル」

でした。

インドでは、まだゴミの収集システムが完備されていません。昔から人々は、家の周りにゴミを捨てて暮らしていました。その風習がまだ多くの場所で残っているので

す。

生ゴミ中心のときには、よかったのでしょう。臭いは出ても溶けてしまいます。

でも今では、ペットボトルなどのプラスティックゴミが増えてきました。溶けないペットボトルが、ありとあらゆる場所に捨てられて残っているのです。

北インドでも南インドでも、同じ風景を見ました。

僕は、20代、30代のほとんどを、海で過ごしてきました。

日本でも、台風や大雨の直後に海に入ると大量のプラスティックゴミが流されてくるのを見てきました。

インドでも、当然大雨や嵐があるでしょ

う。

国土に捨てられた、大量のペットボトルは、雨によって川に流され海に運ばれます。海に出たペットボトルは、波と紫外線で細かく砕かれ、マイクロプラスティックとなります。そして、それを魚が取り込むのです。

インドの道端に捨てられているペットボトルを見ていて、絶望感に包まれてきました。2つの文明が融合点にいたる前に、僕たちの文明は取り返しのつかない状態になるのではないか？　全然、間に合わないいんじゃないか？

そんな風に感じさせられたのです。

インドで僕が見せられたのは、とてもシリアスな世界の現実でした。

コラム

ゴミが人類を
埋めてしまう日

ゴミの問題はインドだけではありません。

インドは、ゴミ問題がわかりやすく表面化しているだけです。

世界中どこでも似たりよったり。

ゴミは、どんどん増えていっています。今この瞬間も。


海へ流れ出るゴミも同じです。

ある試算によると、今世紀の半ばには、海に暮らす魚の重さと、海の中にあるゴミの重さが等しくなるといいます。

本当にそうなるかはわかりませんが、海のゴミ問題が、とても重要な課題であることは確かでしょう。


僕たちの文明のターニングポイントが、近づいていると思います。

経済中心から環境中心へと。


そうでなければ、いずれ人類はゴミに埋もれてしまいます。

誰かにごちそうする楽しみや、プレゼントする喜び

南インドのチェンナイに戻ってからも、預言書の指示は続きます。

「寺院で護摩焚きを行い、惑星の神様をお祭りしなさい」と。

護摩焚きは、日本の山伏や密教で行われていますが、もともとは、インドが起源です。ホーマ（供物を捧げる）というサンスクリット語から護摩と音訳されました。

チェンナイから車で2時間ぐらいの寺院に、僕のため護摩焚きセットが用意されていました。お坊さんのアシストのもと、１m四方の護摩壇に護摩木を焚いていきます。お供え物として、食べ物、様々な種子、香辛料のようなものを燃やしていきます。

1時間ぐらい焚いた後、お堂の中にある9つの惑星の神仏に何か油のような液体をかけていきます。液体のかけ方、回り方を、お坊さんに指示され、その通りに一つひとつ丁寧に拝んでいきます。

こうして護摩焚きも終え、インド縦断旅行の最終目的地である孤児院に向かいます。寺院から小一時間のところにある孤児院に、お昼時のタイミングに合わせて行きました。

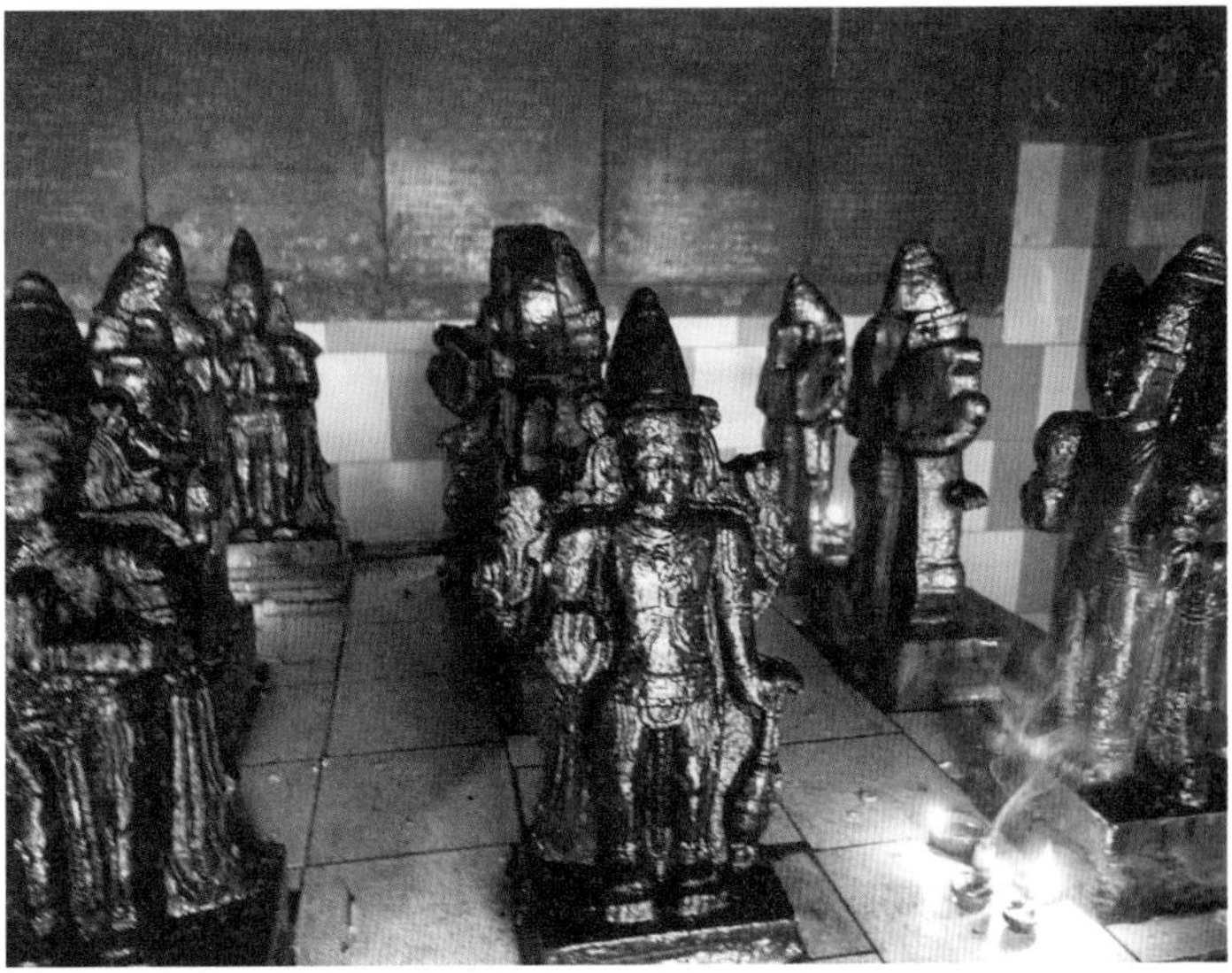

その孤児院は、7歳から15歳ぐらいの子どもたちが40名ぐらいで暮らしています。

僕は、みんなに紹介されて、少しお話をしました。

そのあと、40人が、広間の縁に並んで座ります。

子どもたちの前に食器が並べられ、そこに、僕が一人ひとりの前に移動しながら、ご飯を盛りつけ、おかずを盛りつけ、カレーや野菜を盛りつけます。

4周も5周も回るので、かなりの重労働になります。

こうして、全員に盛りつけてから食べ始めます。

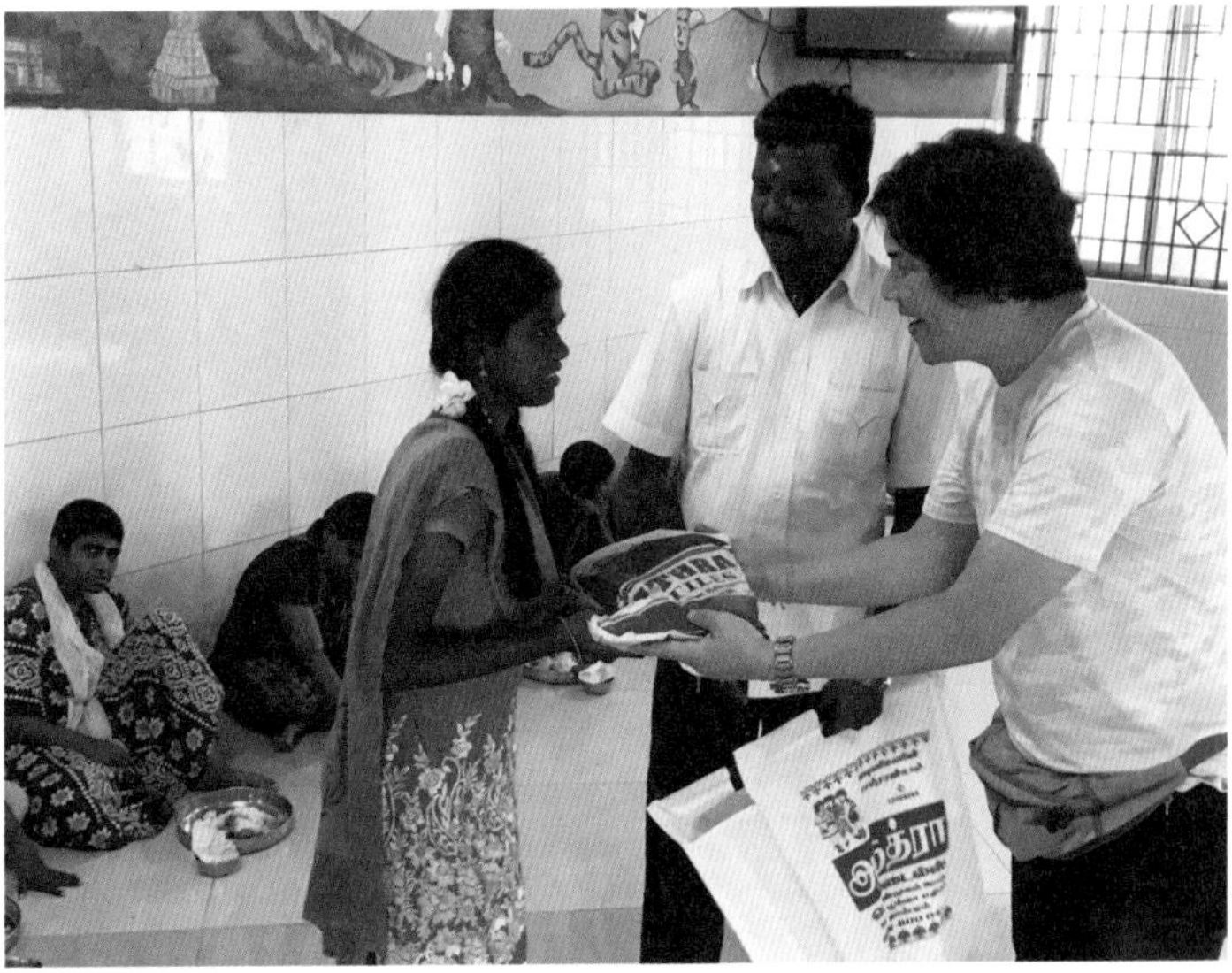

食事が終わってから、そこで働く8人の女性にも服をプレゼントしました。
食事をご馳走すること、誰かにプレゼントすることは、純粋な喜びです。

以前、日本で1000名の人にランチをご馳走する「10000人ランチ」ということをしました。

身の周りの1000人にランチをご馳走したら、僕の人生がどんな風に変化するのか、体験してみたかったからです。

その結果、純粋な喜びが人生に増えました。そして、人生の局面が変化しました。出会う人々が変化していったのです。

不思議なことですが、自分に取り入れるという状態から、まわりに与えるという状

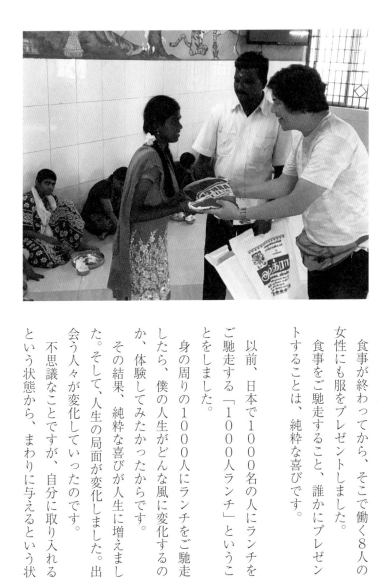

態にシフトすると、人生が大きく変化するのです。

こうして、インドの旅は完結しました。

孤児院の子どもたちには癒やされましたが、この時点で、融合点は、はるか彼方に遠のいていきました。

インドの旅は、見たくない世界の現実をまざまざと見せつけてくれたのです。

そして、一夜にして紙くずになってしまう「お金って何なんだ?」という疑問が頭から離れなくなりました。

僕は、絶望感をたくさん感じて日本に帰って行きました。

でも、このときは、まだこの絶望感の続きがあることを知りませんでした。

僕は、このあとも世界の厳しい現実を見ていくのです。

コラム

人生を大きく変える
いちばん簡単な方法

メンターから言われたことがあります。
「人生を大きく変えたかったら、たくさんの人にご馳走したり、プレゼントしてごらん」。
最初は、戸惑いました。「そんなことできません」「ガラではありません」。でも、やり始めたら、こんなにも楽しいことがあったのかと思えるほど面白かったのです。それからは、ご馳走すること、プレゼントすることが大好きになりました。

ちなみに、僕の人生は、たくさんご馳走して大きく変わりました。なかでも一番変化したのは、体重でした。10％は増えたのです。恰幅《かっぷく》が良くなって、大黒様や恵比寿様のようになりました（笑）。

ご馳走して学んだ大切なことは、見返りを直接的に期待しないということです。
ご馳走した人やプレゼントした人から受け取るのは、「ありがとう」の言葉だけ。そして、そのときの感謝の想いを、自分の中にある豊かさのダムみたいなものに蓄積していきます。それが充分たまると、ある時、大きな流れとなって返ってきます。もしかしたらその流れは自分にではなくて、家族や子孫にいくかもしれません。

ご馳走やプレゼントは、そのような感覚でするものなのです。

さらなる展開も人を通じて起こってくる

インドの次に向かったのは、赤道とは真反対の場所。

そこに誘ってくれたのは、作家でナチュラリストのC・W・ニコルさんです。

ニコルさんは、長野県の黒姫高原に「C・W・ニコル・アファンの森財団」という森を蘇らせる財団を創設されています。

ある時、そのアファンの森を、ニコルさんが案内してくれたり、近くのホテルでディナー会を企画して僕たちをお招きしてくださったりしました。そこで、たくさん森の話を伺ったのです。

ニコルさんが、日本に初めて来られた頃、まだ日本には、里山の文化が残っていました。今から半世紀前のことです。

里山の文化とは、村のまわりの森を、人が手を入れて美しく保つという文化です。ブナ・ナラ・トチなどの広葉樹が豊かに茂っていたのが日本の森でした。

戦後、経済復興を優先した日本は、政策で広葉樹を伐採し、建材に使えるスギ、ヒノキ、カラマツなどの針葉樹を大規模に植林しました。しかし、その後、外国からの安い建材が大量に輸入されるようになり、その針葉樹の森は、コストが合わないという理由から放置されるようになりました。

広葉樹には、ドングリが実ります。ドングリは、動物たちが生きていくのになくてはならないものです。でも針葉樹は、ドングリが実りません。

さらに、広葉樹の葉は、落葉して栄養たっぷりの腐葉土になります。針葉樹は落葉しないので、土はどんどん痩せていくのです。

また、手入れされなくなった針葉樹の森は笹や藪が生い茂り、動物や昆虫が棲みにくい暗くて死んだような森になるのです。

ニコルさんは、自分が若い頃に見た日本の素晴らしい里山を復活させようと、私財をなげうって活動を始めました。そこから30年以上経って、いまアファンの森には、驚くほど多様な動植物が生息しています。

鳥類は100種類近く、昆虫類は1000種以上です。森の生態系の頂点であるフクロウやクマも戻ってきました。

人が丹念に手間ひまかけて、数十年という年月をかければ、自然は応えてくれます。

そのC・W・ニコルさんには、ベストセラー作家、そして、森を蘇らせる人という顔の他に、もうひとつ特徴的な一面があります。

北極探検の専門家という顔です。

ニコルさんは、10代の後半から北極調査隊に関わっている冒険家なのです。北極の調査の帰りに日本に寄ったのが、日本で暮らすきっかけだったのです。

アファンの森からの帰りぎわ、僕は、ニコルさんから「北極に行かないかい」と誘ってもらいました。

それまで自分が北極に行くとは思ってもみなかったのですが、人とのご縁で思わぬ展開になっていきました。

アマゾン熱帯雨林、インド縦断、その次は、夏の北極圏です。

融合点を知るための何かが待っていると感じました。

コラム

森が癒やしてくれる

美しく再生された森を見せてもらうと、どれほど森が僕たちに癒やしを与えてくれて、自然との調和が大切かがわかります。

人の手が全く入っていない熱帯雨林のジャングルと、丹精に人が手を入れ育んだ森は、不思議なのですが、同じように包み込んでくれるようなエネルギーを感じました。
調和とは、このようなことなのかという感覚です。

そのとき、杉が植林された国有地にも連れて行ってもらいました。
そこでは、包み込む感覚を感じることはできませんでした。

ただ木を植えるだけではだめなのです。
人の叡智と森を愛する気持ちが必要なのです。

ニコルさんのアファンの森は、そんな調和を教えてくれる場所でした。

極地で世界の研究家に会う

ニコルさんの誘いで、僕は北極圏に旅立ちました。アマゾン旅行のちょうど1年後です。

北極圏とは、北緯66度以北の地域をいいます。なぜ66度なのかというと、それは地球の自転に関係しています。地球の自転軸は、太陽に対して約23・4度傾いています。そのため、北緯66度以北には、一日中太陽が沈まない白夜と、ずっと太陽が昇らない極夜とが存在することになります。この白夜と極夜がある地域全部を、北極圏というのです。

陸地としてはロシア北部、カナダ北部、アラスカ、グリーンランド、北欧などで、その中心には北極海があります。

赤道直下の先住民族に会った後、今度は極地で暮らしている先住民族である**イヌイット**に会いに行ったのです。そこで融合点のヒントが見つかるかもしれない、と思いました。

北極圏に行くには、さまざまなルートがあります。

このときの僕は、カナダのトロントからグリーンランドにチャーター便で渡りました。

グリーンランドの最初の一歩は、島の西海岸にある最大の空港カンゲルルスアーク空港です。最大といっても、まったく何もない大地に空港がぽつんと建っているだけです。売店も数店舗あるだけでした。

「地の果てまで来た……」

そんな印象を受けるところです。

北極圏は、景色が違います。

僕たちの行った時期は夏。雪と氷が溶けて大地が見えていました。でも他の地域では必ず目にするものが存在しません。

それは何でしょう?

「木」です。

北極圏には、「極夜」、太陽が全く出ない時期があります。

そのため、太陽の力を得られないので木が育ちません。

木のない世界が、北極圏なのです。

見渡す限りの、岩と砂。不思議な風景です。ＳＦ映画などで他の惑星という設定のときによくロケ地として使われるそうです。

そこからバスで移動して港に向かいます。

沖合には大型客船が停泊していました。

乗客の総数は２００名。

その半数は、研究者です。極地研究の科学者、生物学の専門家、ナショナルジオグラフィックの写真家、WWF（世界自然保護基金）の職員などで、残りの半数が僕たちのような一般観光客でした。

この大型船で、グリーンランド西海岸各地を巡り、バフィン湾を横断し、カナダ最北部の北緯80度付近までアプローチします。

僕たちは、小型ボートに分乗して大型船に乗り込みます。船は冒険旅行には似つかわしくないようなラグジュアリーな客船でした。

一歩外に出ると極地。中は豪華な客船という不思議な旅になったのです。

コラム

南極観測船「しらせ」の
隊員たちとの触れ合いから北極へ

20代の頃、シドニーで南極観測船「しらせ」の船員さんに会ったことがあります。彼らは南極からの帰還途中で、久々の街での自由時間でした。

ひょんなことから、その彼らにシドニーを案内してあげることになりました。オペラハウス、ハーバーブリッジ、ボンダイビーチなどの街の名所を巡ったのです。

最後に彼らを港に送ってあげると、お礼に、南極観測船「しらせ」の中を案内してくれました。

さらに、貴重な南極の砂をプレゼントしてくれたのです。

帰国後、僕は、南極の砂をビンに詰めて本棚に飾っていました。20代の僕は、それを毎日のように眺めて、世界を巡り最後は南極に行くことを、夢見ていました。

「しらせ」の船員さん達との、ほんの少しの触れ合いが、僕を世界の旅に駆り立てたのかもしれません。

あれから30年近く経って、僕は南極と対になる北極圏に行くことができました。

いずれは、南極にも行くことになるでしょう。

氷山と海氷と流氷の違い

船でグリーンランド西海岸を北上します。

北へ行けば行くほど、巨大な氷山が流れていきます。


氷山が出来る場所は、この地球上でおもに2カ所。

ひとつは、グリーンランドで、もうひとつは、南極です。

形状も異なっていて、グリーンランドの氷山は三角形、南極の氷山は四角形をしています。

グリーンランドの氷山は、内陸部からフィヨルド（谷）を、数千年もかけて流れてきます。

谷の形状は、三角形ですから、それに合わせて、三角形の氷山が出来ます。最後に海に流れ出て、尖った氷山になるわけです。

一方の南極の氷山は、大陸から全体的に押し流されてくる棚氷《たなごおり》と呼ばれるものです。そのため多くの場合、台形になるわけです。

ということで、巨大な氷山を見ることができる地域は、グリーンランド周辺の海と南氷洋

だけ。
冬の北海道などで見ることができる「流氷」は、海の水が凍ったもので海氷と呼ばれます。氷山とはまったく生成工程が違います。

余談ですが、氷山の氷を砕いてウイスキーのロックを飲むと格別美味しく飲めます。氷が何千年もかけて移動する間に中の空気が押し出され、固くて透明な状態になります。その氷は、なかなか溶けません。水っぽくならなくて美味しく飲めるのです。

ゆったりと流れる氷山を見ながら、氷山アイスでウイスキーを飲むニコルさんから、色々な武勇伝を聞かせてもらいました。

また他の乗客、特に科学者の人々のお話

もたくさん聞かせてもらいました。

船旅ならではの醍醐味は、ゆったり流れる時間を利用していろいろな人のお話を聞けることです。世界中の人々と語り合える最高のひとときなのです。

この時、ある科学者から気になることを聞かされました。

ある程度は知っていましたが、直接目にすると背筋が凍ることです。

グリーンランドの氷河が恐ろしい速度で後退しているというのです。

さらに、永久凍土といわれたグリーンランドの国土も近い将来に溶け出すかもしれないというのです。

グリーンランドでは、漁業が盛んです。特にエビは日本への輸出が多く、甘エビが有名です。他にも市場では、日本ではなかなか見られなくなったクジラが売られていました。

港には様々な形の船があり、特に目を引いたのが、宮崎駿監督のアニメに出てきそうな丸い小さな船です。氷の海を進むのに適した形なのでしょうが、妙に可愛らしくて惹きつけられました。

夏の北極海の氷が溶けているということ

僕たちは、グリーンランドを離れてカナダ側に渡りました。デービス海峡のはるか北を、一日かけて横断します。海には、氷の姿がなくなりました。広々とした海です。

このとき、科学者から北極海航路のことを聞きました。温暖化で氷の少なくなった北極海は、夏の期間だけ通り抜けられるようになったというのです。この航路を使えば、通常の地中海からパナマ運河を通りマラッカ海峡を越える南回りのルートに比べて約6割の燃料ですみます。輸送費が大幅に節約できるのです。ヨーロッパと日本（アジア）を結ぶ新しいルート。

しかし、北極海で船の事故が発生すると、取り返しがつかないことになります。救助する船も少なく、天候が急変したときの対応が大変難しいのです。

また、もし大量の原油や重油が海氷の下に入ってしまったら、それを除去する手段を、人類は持ち合わせていません。

北極海航路を使うことは、分の悪い賭けなのです。

でも、もしあなたが船長だったらどうしますか？

北極海航路を使うと燃料費が安くすんで、その浮いたお金で子どもに良い教育を受けさせることができたとしたら？

一《いち》か八《ばち》か、賭けてしまうのではないでしょうか。

僕には、そんな子ども思いの船長の姿が思い浮かばれてなりません。そして、その人がアクシデントに巻き込まれて……。

誰も事故など起こしたくないけれど、起きてしまうのが事故なのです。

もちろん、こんな単純なことではありません。船長が航路を決めるのではなく、海運会社が選択します。そして現在、北極海航路を行くには、砕氷《さいひょう》船のエスコートが必要なことが多く、燃料費以外の経費がかかります。そのため、まだ航行船数は少ないそうです。

でも、今後、夏の北極海の氷がますます溶けて、海が開けている範囲が増えれば増えるほど、北極海航路を選択する船舶は増えていくでしょう。

さらに、氷の減少は地下資源の採掘を促進させます。

北極圏には、地球上の未発見資源の約30％が眠っていると言われています。いままで厚い氷に阻まれて手が届かなかった地下資源にリーチすることができるのです。大手のエネルギー関連会社が、動き始めています……。

広々とした海を見ていて、僕は急に怖くなりました。

「ここは北極の海なんだ。どうして氷がないんだろう？
この普通の観光船で簡単に航行できること自体が恐ろしいことじゃないか？
ほんの半世紀前までこの辺りは氷で覆われていて、命がけで北極を探索していた冒険家がたくさん死んでいる。
でも今は……僕たちの文明は取り返しのつかないことをしているんじゃないのか？」

インドで感じた絶望感が、また、ここでもぶり返してきました。

このあと僕は、カナダ最北部に住むイヌイットの村でさらに悲しい様子を見るのでした。

北極海航路と通常のパナマ運河航路で比べてみると、横浜～ハンブルグ間で北極海航路は、約1万2800㎞、パナマ運河航路は、約2万500㎞になります。その差は歴然。また、パナマ運河航路では、途中に海賊を心配しなければなりません。北極海航路では、その心配をしなくてもよいのです。

夏の期間限定ですが、北極海航路を選ぶ船舶は、年々増えていくことでしょう。

カナダ最北部の村の悲しみ

カナダのバフィン島に到着しました。

カナダ最大の島で、島としては世界第5位の大きさです。

ちなみに世界最大の島はグリーンランドで、一番小さな大陸はオーストラリアです。では、どうしてグリーンランドは大陸ではなく島なのでしょうか？

それは、「グリーンランドよりも大きかったら大陸とする」という定義があるからです。（あるいは、オーストラリアよりも小さかったら島とする定義）大陸と島の違いは、誰かが、そう決めたというのが真相のようです。


バフィン島の人口は1万余り。日本の1・3倍の広さで、たった1万人しか住んでいません。いかにその環境が厳しいかがわかります。

そして、僕たちが最初に寄港したところがバフィン島の北部、北緯72度41分にあるポンド・インレット村です。人口は１６００人。

グリーンランドの街は、外壁がカラフルに塗られていて華やかでしたが、カナダの村は、暗くて地味な感じでした。駐車している車もボンネットがへこんでいたりフロントガラスが割れたままだったり。村のあちらこちらに壊れたスノーモービルが放置されていたりと、非常に寂《さび》れた感じがしました。

その村の真ん中にある公民館で、イヌイットの住人による歓迎の挨拶、ダンス、歌を見聞きしました。その後、体育館で村人と乗客の間でサッカー交流試合が企画されていましたが、何かの手違いからか、村人は集まりませんでした。

この村の人々は、生きがいや、人生を楽

しむというようなことからは、遠いところにいるような感じがしました。

その原因のひとつは、毛皮が売れなくなったことにあります。

ここのイヌイットは、少し前まで、アザラシを仕留め、その毛皮を売って生計を立てていました。しかし、近年の動物保護運動の影響で世界中の毛皮マーケットが縮小してしまい、毛皮が売れなくなってしまったのです。

動物の命を守ることから始まった動物保護活動。それが進むことによって、太古から狩りをして暮らしていたイヌイットの生活が貧窮していったのです。

この地に住む人々が子どもたちのため、

生きのこるために北極圏の石油や天然ガスなど地下資源に関する権利を政府に譲渡し、そのかわりに補助金を受け取るという選択をしたとしても、責められないと思いました。

ただ、補助金を受け取るということは、イヌイットとしてのアイデンティティーを崩壊させる恐れがあります。

狩猟民族であったイヌイットが、猟をしなくなったら、何をするのでしょうか?

持て余した暇な時間とエネルギーは、アルコールとドラッグに向かってしまいます。

もともと、イヌイットの人々は、アルコールに対する耐性が弱いのです。極寒の世界では、お酒を醸造しにくかったため強いお酒を飲む習慣がなかったからです。そのため一度、お酒を飲み始めると、とめどなく飲んでしまい、トラブルを起こしたり、アルコール依存症になったりします。そして、果てはドラッグに手を出したりと。

また、酩酊して極寒の中で寝てしまい、自殺するように亡くなってしまう、そんな事故が後を絶たないそうです。

ただでさえ、冬の間は太陽が昇らず、数カ月間、暗い中で暮らすというのが北極圏です。鬱になったり自暴自棄になったりしがちなのです。

昔、白人商人が、酒と引き換えに、高価な毛皮を安価に交換するという目的のため、イヌイットに醸造した強い酒の味を覚えさせたという歴史がありました。

もしかしたら今は、北極圏の地下資源を巡る権利のため、補助金という名の甘い汁を与えているのではないでしょうか？

ただ、個人レベルでは、政府の役人が自分のできる範囲で貧窮するイヌイットの村を助ける努力をしている姿も想像できます。

どこにも悪い人は、いないのかもしれません。

ただ僕たちの文明の仕組み上、そうなってしまうのかも。

僕はイヌイットの村を離れるときには、また深い絶望感の中にいました。

人類を次のステージに導いてくれる融合点は本当にあるのでしょうか？

一日中明るいって、体験してみないとわからない感覚です。いつ起きても、外は明るい。カーテンを開けると、煌々《こうこう》と光る太陽。遮光カーテンがなければ、なかなか寝つけません。また、逆に冬は何カ月も暗いままだったりします。いつ目を覚ましても薄暗い。そんなところで一生を過ごすのは、そうとうタフでないと。

そんな場所が北極圏です。広大な土地にほんの一握りの人々。それでも、綿々と続く歴史があります。人類創世のころからの営みです。

マイナス2度の氷の海に飛び込む

北極圏最後の場所は、カナダ最北部。氷の海が広がる世界です。

今のところ、夏の北極圏には、かろうじて海氷が広がっています。ただＮＡＳＡのデータでは、２０１６年の時点で１９８０年代に比べて氷の量は半減しています。しかも、その海氷のほとんどが単年度の氷です。昔は、夏を越えて何年も凍ったままの多年度の氷が多くありました。今では、その冬に凍った海氷である単年度の氷が大半になってしまったのです。

単年度の氷は溶けやすく、薄くて平べったいのが特徴です。多年度の氷は、独特な盛り上がった形状をしています。それを先住民のイヌイットは道しるべにしていました。いまではそれが見つけにくくなっています。

このように、夏の北極圏の氷が溶けやすくなっているということは、様々な場所で影響を与えているのです。

僕たちはカナダの最北部の無人島を抜けつつ、氷の海に到達しました。

そこで待っていたのはシロクマです。まるまると太ったシロクマが氷の上で寝そべっていました。

1時間ほどその様子を見た後、移動しました。

そして、僕たちは、最後の儀式を行いました。

「ポーラ・ディッピング」。北極海への飛び込みです。

海水パンツ一枚、上半身は裸で、マイナス2℃の海へ飛び込みます。思い出になるアトラクションですが命がけです。

乗客200名のうち40人ぐらいが参加しました。もちろん僕も参加しました。

僕は自分の番が回ってくる間、いままでの旅で水に関するチャレンジを思い出して

いました。ピラニアのいるアマゾン川で泳いだこと。聖なるガンジス川で沐浴したこと。そして、ウインドサーフィンに乗って入った10m級の波のことを思い出していました。それらの体験の中でも、このマイナス2℃の海への裸でのダイブは最大級に怖いものでした。

いよいよ僕の番が回ってきました。

デッキから、おもいっきりジャンプ！

マイナス2℃の北極海へ、飛び込みます。

……完全に頭のてっぺんまで水没して海面に上がります。

息を吸います。体が動かなくなる前に、身体を反転させてデッキに戻ります。

タラップに手をかけて、海面から身体が出た瞬間、強烈な冷気が襲います。それによって、身体がビックリするぐらい意志とは関係なく震えだします。海の中では、まったく寒さを感じなかったのですが、海面から上がった瞬間に凍えました。気化熱で体温が激しく奪われたのです。身体の状態を無視しながら、タラップを登りきります。船の中に入っても、身体は強烈に震えたままです。クルーにタオルを被せられます。それでも、15分ぐらいは、震えが止まりませんでした。

身体は震えていますが、気持ちは、達成感でいっぱいです。地球上で一番冷たい水に裸で入ったのです。「死ぬことなく」北極圏での最大の思い出が出来ました。

こうして、僕の北極圏の旅は終焉を迎えました。

最北端の空港、レゾリュートからチャーター便でトロントに帰り、そこから、通常の飛行機で日本に帰ってきました。帰りの飛行機で、北極やグリーンランドの氷が溶けていっていることをまた思い出しました。

地球と繋がる感覚。人類が生き残るために必要不可欠なもの。

先住民が大切に守ってきた掟。

それを、僕たちは思い出す必要があります。

30代の頃は、ウインドサーフィンに夢中でした。ウインドサーフィンは、風が強く吹くと楽しいので、真冬の冷たい海にも入っていました。でも、そのときは冬用のウエットスートを着用しています。直接、冷水が身体に触れることはなかったのです。

ポーラ・ディッピングは、新しい体験でした。

人の身体は強いのです。

第3章

会いたい人に
会いたい時に
会いに行く

生まれながらの世界的リーダーに会いたいと願う

北極から帰り、僕は考え込みました。

どう考えてみても、人類の未来は悪い方向にしか向いていないように思えたのです。

アマゾンの熱帯雨林は、これからも伐採されていくだろうし、プラスチックゴミは世界中で捨てられます。温暖化ガスは、止まるどころか世界中で排出され続けるでしょう。

それだけではありません。全世界の家庭から出る洗剤による水の汚染。生物種の滅亡スピードの異常な上昇。環境汚染物質が極地や深海にまで及んで蓄積され続けられていることなどなど。どれ一つとっても手強い難問です。

地球的な難問を数え上げたら、枚挙にいとまがありません。

世界的なリーダーは、このことに関して、どう思っているのでしょうか?

僕は、純粋に聞きたくなりました。

そのとき、偶然にも、ある有力な友人から「イギリスでチャールズ皇太子に会ってみないか？」とお誘いがあったのです。

チャールズ皇太子に会ってみて、世界のリーダー達は、本当のところ、地球の未来を、どう考えているか？を聞きに行くことにしました。


目的地はロンドン。

途中、香港にトランジットしました。僕が前回、香港の空港を使ったのは、かれこれ30年前のこと。あれから、香港は様変わりです。大規模な開発が行われ、超近代的な建物が広範囲に建造されていました。

さらに、中国の西端から中東にかけての空を通過します。眼下に見える世界は、まだ未開発エリア。見たこともないような山々が連なります。

「いまの地球に、こんなに人の手が入っていない場所は、珍しくなっている」

そんなことを考えながら、ロンドンヒュースロー空港までを過ごしました。


ロンドンに到着すると、指定されたホテルにチェックインです。

ホテルは、「ザ・リッツロンドン」。世界的に有名な英国王室御用達のホテルです。ロンドンで唯一ドレスコードがあるホテルです。

このホテルを利用する人は、宿泊客はもちろん非宿泊者も、短パン、ジーンズなどでの来場は断られます。また、午前11時以降は、ホテルのロビーでも、男性はジャケットにネクタイを着用することになっています。

朝食時のドレスコードは、ややゆるいのですが、それでも、給仕係は燕尾服でサービスをしてくれています。そのため、こちらもそれなりの格好をしておかないと位負けしてしまうのです。

このようなホテルなので、1泊目の朝食は緊張してしまいました。でも、2泊目、3泊目になってくると環境にも適応してきます。ウエイターやコンシェルジュにも顔見知りが増えていき、ジョークを言いながら食事を頂けるようになっていきました。

これは、アマゾンの奥地でも、インドのアシュラム（精神的な修行をする場）でも、北極の船の中でも同じことです。

「場に馴染む」

最初は、場違い感満載ですが、時間が経つにつれ、経験を重ねるにつれ、空気感に順応していきます。

こうして、心を落ち着けながら、いよいよ、チャールズ皇太子のご自宅へと招かれていったのでした。

THE
RITZ

RITZ
THE RITZ LONDON

コラム

英国王室の人達に会って話を聞く方法

皇族やロイヤルファミリーにお会いするには、公的な行事に参加する以外に、チャリティーパーティーなどに参加するという方法があります。

皇族やロイヤルファミリーのみなさんは国際的な機構や自然保護団体などの名誉職を務められているので、それらの団体が主催するチャリティーパーティーなどに参加すると、お会いすることができたりします。

どのような方でも、本当にお話を聞きたいと思ったら、さまざまな機会があります。

そして、そのとき何をお話しするのか？　何を聞きたいのかを明確にしておいて会いに行くと、ユニークな答えがもらえたりするでしょう。

チャールズ皇太子のご自宅とケンジントン宮殿

チャールズ皇太子のご自宅は、ロンドンの中心部ウエストミンスターという特別区にあります。**クラレンス・ハウス**という名称があり、チャールズ皇太子とカミラ夫人の公邸です。

僕たちは、タキシードやイブニングドレスを着用しての参加。ゲートをくぐると控室で携帯電話などの電子機器は、すべて預けさせられました。セキュリティーの関係でしょう。その後、ウエルカムドリンクを飲み、公邸内を案内してもらいました。比較的、普通の作りの建物です。

建築は1825年。そこから何度も改修されて現在に至っています。

そしてギフトショップのようなお部屋に通され、ショッピングが始まりました。チャールズ皇太子のブランドであるハイグローブの製品が並んでいました。

ハイグローブは、チャールズ皇太子が設立したもので、減少傾向にある品種の野草や草原の保護のために運営するブランドです。主にオーガニック製品を扱っていて、そこで出た収

益金は、自然保護のために使われています。
僕たちがお招きいただいたのも、このハイグローブのチャリティーパーティーの一環としてです。

このクラレンス・ハウスでは、ショッピングだけで終わりました。
その後、ケンジントン宮殿に移動です。少し車に乗ったら到着しました。

ケンジントン宮殿は、チャールズ皇太子がダイアナ妃と暮らした宮殿です。現在は、ウイリアム王子とキャサリン妃が暮らしているところで、広大な宮殿です。
ここの広間に通されると、そこは、ダイアナ妃の展示室になっていました。

ダイアナ妃のドレスや写真が、所狭しと置いてあります。いまだに、イギリスの人々にとってダイアナ妃は、憧れの人物なのです。小さい頃のウイリアム王子、ヘンリー王子とダイアナ妃が写っている写真が壁にかかっていて、とても印象的でした。

その展示室をゆっくり見て、奥まった赤いお部屋に通されました。そこで、ディナーの用意がされていました。

参加者は、40名ほど。ディナーが始まりました。

しかし、チャールズ皇太子は、来られませんでした。

執事の人が、チャールズ皇太子からのお手紙を読んでくれました。

「ようこそ、みなさん。お越しいただいて大変嬉しく思います。あいにくと私は……」

そのまま、ディナーが終わり僕たちは、帰路につきました。

チャールズ皇太子が国内におられたら、かなりの確率で、お顔を見せてくださる、そんなパーティーだったのです。

でも、来られないこともあるという。せっかくロンドンまで行って、皇太子殿下に会えずに帰る。とても残念でした。

でも、日本に帰ったときに、あるキーワードが待っていました。

振り子が大きく反対に振れた瞬間です。

絶望から希望への転換点が訪れました。

日本に帰ると、船便でチャールズ皇太子（ハイグローブ社）からのプレゼントが届きました。中には、エリザベス女王の本、各宮殿のイングリッシュガーデンに関する本、ワイン、お茶、オーガニックのジャム、腕時計など。直接、お会いできなかったのですが、イギリスの香りを届けてくださって、とても嬉しかったのです。いろんな交流の方法があるものです。

スイスで「ベーシックインカム」を国民投票にもっていった人物

ロンドンから日本に帰ってきたとき、目にしたのは「ベーシックインカム」という言葉でした。

日本では、このとき、衆議院選挙がありました。そこで、ある党が日本で初めてマニフェストに「ベーシックインカムを導入する」と掲げたのです。残念ながら、この党は大敗してしまいましたが、僕の中で、「ベーシックインカム」という言葉が大きく響きました。

「ベーシックインカム」とは、政府がすべての国民に対して最低限の生活を送るのに必要とされるお金を定期的に支給するという政策です。

すべての人に支給されるというところがミソです。生活保護は、特定の所得の低い人だけを対象にしますが、ベーシックインカムは、国民すべてが対象になります。

たとえば、月に8万円とかのお金を全国民に支給するわけです。何もしなくても、所得の高い人も低い人も一律にお金がもらえるわけです。

僕はベーシックインカム関連の書物を読み漁りました。すると、様々な国や地方で導入が検討されていることがわかってきました。スイスでは、ベーシックインカム導入に関して国民投票まで行っていました。

このときの立役者であるエノ・シュミットさんが来日されると聞いたので、東京の参議院会館に会いに行きました。

そして、運良く、エノ・シュミットさんと個人的にお話しすることができました。

僕は、アマゾンの話、北極の話、インドの話をエノさんにしました。

エノさんは僕に、ベーシックインカムを国民投票にまでもっていった経緯や、そもそもスイスで国民投票にかけるということの意味を教えてくれました。

エノさんの本業は、芸術家です。彼は、スイスの広場にこんなメッセージを掲げました。

「お金を稼がなくてよくなったら、あなたは何をしますか？」

そこから、スイスに一大ムーブメントが起こりました。

そして、12万人もの人々から署名をもらい、ベーシックインカムを国民投票にもっていったのです。

このときの結果は、大差での否決になりました。

コラム

エノ・シュミットさんとの会話の思い出

参議院会館のエノさんのお話会の後、会場の周りでウロウロして、カフェで休んでいると、偶然、エノさんが隣に座られたのです。
さっそくお声をかけさせてもらって、僕の旅の話をしたのでした。

エノさんも、芸術家としての活動、ベーシックインカムの活動、彼の旅の話をしてくれました。

まるで、ヨーロッパのユースホステルですれ違った二人の旅人が、お互いの旅のエッセンスを語り合っているみたいな感じがしました。

世界は確実に進んでいます。

エノさんは、ベーシックインカムの導入で、一人ひとりが大切にされる社会が作れると言います。貧困問題、環境問題、戦争問題を解決する道だとも。

また、スイスの国民投票は、国民全体である議案を考えるきっかけを作るものであって、一度の否決で終わりではなく、何度でも繰り返し修正案を出せる、そのようなものであるとも教えてくれました。

「ここからが始まりだ」

彼は目を輝かせていました。

すべての人がお金を受け取るというコンセプト

純粋に、あなたが、そして、周りの人が普通に暮らせるだけの生活費を、何もしなくても、ずっと保障されているとしたら。そして、どこに住んでも、何をしていてもよいとしたら。

「あなたは、いったいどこで、何をしているでしょうか？」

もしかしたら、長期間のお休みを取る人もいるかもしれません。

あるいは、やりたかったこと、習い事をする人も。

田舎に帰って畑を耕したり、逆に都会に出て、刺激的な日々を選ぶ人もいるでしょう。子や孫とずっと一緒にいる人も、両親やおじいちゃんおばあちゃんと過ごす人もいるでしょう。僕のように旅に出て、見たこともないような体験を重ねていく人もいると思います。

さらに、環境問題に取り組んだり、ボランティアに励む人。世界を救うフリーエネルギーを見つける研究に勤しむ人も出てくるでしょう。

今までと同じように、あるいはそれ以上に、お金を稼いだり、思いっきり働く人もいると思います。

今の世界との大きな違いは、その世界では、**みんなが自分の意志でやりたいことを選び、自分のペースでやっている**ということです。

アチュアル族の人々が指摘してくれた「もっともっと」というサイクルや「足りない」と

いう恐れの中で生きるところから出て、自由に生きる人が多くなります。それが、「無条件のベーシックインカム」が創り上げる世界です。

そのような世界がすぐに現実に達成できるとは思えませんが、このコンセプトに気がついたとき、コンドルとイーグルの2つの世界を繋ぐ鍵がやっと見つかったと僕は思いました。

そして、このとき、あることを思い出しました。北極圏から帰ってきた直後には、気がつかなかったことです。ベーシックインカムのコンセプトを知って、はっと思い出しました。

ミニワーク

もし、ごく当たり前の生活が保障されるぐらいのお金を、毎月、政府からもらえたとしたら、あなたは、いったい何をするでしょう?

仕事があるとかないとか、金持ちであるとか貧乏であるとか、何かを信じているとか信じていないとか、行いが良いとか悪いとか、全く関係ありません。すべての人が無条件で、この世界に産まれてくるだけで生活が保障されているとしたら、どのような世界になると思いますか?

財源がどこにあるのかとか、そんなことをしたら働かなくなる人が増えるとか、そんな夢みたいなことを考えても仕方がない、という考えが出てくるかもしれません。

でも、いまはそのことは横に置いて、少し想像してみましょう。

氷の大地グリーンランドのイヌイットの生活

ベーシックインカムのコンセプトを知って思い出したのは、北極圏旅行で最初に訪れたグリーンランドのイヌイットの生活でした。

北極圏の旅では、グリーンランドのイヌイットの村を3カ所巡りました。グリーンランドのすべてが珍しかったので、そのときは、ただ町が綺麗だとしか思っていなかったのですが、そこに住む人々が、とても輝いていたのを思い出したのです。

一方、ほぼ同じ条件であるカナダ側のイヌイットの村は、暗くて寂しい感じがしました。

何が違ったのでしょうか？

グリーンランドは、デンマーク領でデンマーク本国と同じような政策で暮らしています。デンマークは、税金は高いのですが、ゆりかごから墓場まで、すべて政府が負担してくれます。また、仕事に関しても、どのような職業でも資格が必要なのですが、それを無料で学ぶことができるのです。いくつになってもです。

だから、去年まではパン屋さんをやっていたんだけど、今年からは大工になりたいと思ったら、学校に入って学ぶことができます。そして、卒業したら一人前の大工としてやっていけます。平等な機会と人の生活という意味では、世界の最先端を行っているのではないでしょうか？　実際に、さまざまな世界各国の幸福度ランキングで、デンマークは常に上位に位置しています。

グリーンランドのイヌイットの村を案内してくれた女性は、二人の子を持つ若いお母さんでした。子どもたちの教育のこと。自分の趣味である犬ぞり競技のこと、町での冬の時期の過ごし方、子育てを終えてから、どんな仕事をしたいかなど、楽しそうに話しているのが、思い出されてきました。

生活することに関して心配がない、自分がやりたい仕事を、自由に選ぶことができる。体が不調になったとしても、政府が責任を持って面倒を見てくれる。子どもたちも同じように自由に教育を受けたり生きることができる。

コラム

生まれてきた尊厳を大切にする生き方

デンマークのように、基本的に生きるためのサービスを無料化するようなやりかたなど、ベーシックインカム以外にも、様々な政策で人々の暮らしを安定させることができます。


日本も日本らしいやり方を見つけていくでしょう。

その鍵は、経済優先から生きるうえでの充足感を大切にする生き方へのシフト。

違う言い方をすると、成果を評価する生き方から、この世界に生まれてきた尊厳を大切にする生き方です。


生まれてきた尊厳を大切にするとは、この地にあること自体を評価します。

その人が、何かを達成しているかどうかは、関係ありません。ただこの世界に生まれてきたというだけで生きることを保障するという感覚です。


アチュアル族が見せてくれている世界観。

だれもが飢えることがない世界。

そこから考え始めると、世界は全く違ってくるでしょう。

そんな安心感が、グリーンランドのイヌイットの町を輝かせていたのです。

一方のカナダの村では、その安心感を感じにくかったのです。

前述したように、狩りは縮小しつつあります。他に仕事といえば、鉱物の採掘です。僕たちの行ったバフィン島には、有力な鉱床が見つかっています。それを露天掘りにして採掘します。イヌイットの人々にとっては、大地に大きな傷をつけているように感じるような行為でしょう。イヌイットとしてのアイデンティティが減衰していくのです。

僕は、さらに、その考察が正しいのかどうかを知りたいと思いました。

そこで、日本でイヌイットの生活に詳しい人がいないか、探すことにしました。

悲しい現実も受け入れる

「イヌイットの日常生活に関して詳しい人を知りませんか？」

僕の周辺の人に聞いてみました。すると、すぐに見つかりました。この質問をした最初の人から有力な情報をもらえたのです。しかも、その方は、すぐ近くにいるといいます。（質問をした場所から、車で10分もしない距離でした。僕は、この質問をしようと思ったとき、情報を聞かせてもらえるなら、沖縄でも北海道でも飛んでいくつもりでした。でも、会いたい人は、歩いてでも行けるような、すぐ近くにいたのです）

教えてもらえた人物は、イヌイットの村に嫁いだことがある女性でした。

すぐに連絡をとって会いに行きました。

その方は、6年間イヌイットの村で生活をし、息子を授かり、日本に帰ってきた女性です。カナダ最北部のイヌイットの村で暮らしていました。

また、偶然にも、イヌイットの（元）ご主人のお母さんはグリーンランド出身で、カナダとグリーンランドの両方の暮らしを知っていたのです。その女性から、イヌイットの暮らしぶりを詳しく聞くことができました。

カナダのイヌイットは、とても苦しい状態にあるそうです。それは歴史的な経緯から、そうなっているところもありました。

もともとイヌイットは、定住せずに氷の大地を移動しながら生活していました。大人数で村を作るという習慣がなかったのです。しかし、1800年代の後半から極地の海洋資源に目をつけた白人はイヌイットから毛皮を買い集めるために、トレーディングポストと呼ばれる交易所を各地に設けました。イヌイットは、徐々にその周辺に集まるようになり、やがて、白人が中心となっている、その村に吸収されていったのです。

そこで過ごすうちに、イヌイットは、どんどん白人文化に染まっていきました。

当時の白人は、アルコールに耐性のないイヌイットにわざと強いお酒を勧め、安いお酒と毛皮を交換するような行為も行っていました。

その後、イヌイットは言語を取り上げられました。イヌイット語よりも英語でコミュニケーションするように強制させられたのです。そして、食も変化していきました。生肉で栄養のバランスを取っていたイヌイットは、だんだん缶詰や加工食品を食べるようになっていったのです。

最終的には、宗教も改宗させられ、直感力に支えられ自然と繋がりながら生きていたイヌイット文化は、ズタズタになっていきました。

現在は、資源確保のため政府の意向により極地に定住しているという背景もあり、イヌイットは、生活補助金を受けとっていることが多いそうです。

いま、カナダのイヌイットの人々はアルコール中毒、ドラッグ中毒、自殺率のアップが、とても深刻な社会問題になっています。

冬の時期、数カ月間、全く太陽が出てこないとき、アイデンティティを失ったイヌイットの人々には、心の拠り所がないのです。

お話を聞かせてもらって、僕は胸が苦しくなりました。


一方のグリーンランドのイヌイットは、イヌイット語を話す人が多く、イヌイットとしてのアイデンティティを、新しい形で守っている人が多いのです。

趣味で犬ぞりを楽しみ、漁業と観光を中心産業にし、膨大な量が眠るとされているグリーンランドの地下資源もあり、デンマーク本国から支援を受けています。基本的な生活は、デンマーク人と同じ政策を受けることができます。


誤解を招くのを恐れずに書くと、カナダのイヌイットはカナダ政府から保護されているという立場。グリーンランドのイヌイットは、デンマーク人と同じサポートを受けていて対等性があるという立場が、大きな違いではないかと思います。

このことを聞いて、僕は、20～30代を過ごしたオーストラリアのことを思い出しました。オーストラリア政府も先住民のアボリジニとの関係性において、カナダ政府と同じようにアボリジニを保護するという政策を行っています。歴史的にも、イヌイットと同じように、アボリジニも、言語は英語に、食や住まいも西洋風に、宗教も強制的に改宗させられたという過去があります。

さらに、アボリジニから強制的に子どもを奪い、白人の家庭で育てることも行われました。アボリジニの存在自体を根絶やしにするという目的があったのではないかとも言われています。

このようなことは、つい数世代前まで世界中のいたるところで先住民族に対して、僕たちの文明が当たり前のように行ったことでした。

その歪みが、現代までいろいろな形で尾を引いているのです。

これらを越えて、融合するためには、保護政策のような形ではだめです。

グリーンランドのイヌイットの人々が見せてくれるような、対等性のある、すべての人が同じように保障されるような形が望ましいと思います。

そして、それぞれのアイデンティティーを育てられることが、より良く生きるために必要なのです。

自然に無理なくできることしかできない

グリーンランドの人々の生活を思い出すことで、**コンドルとイーグルが共に同じ空を飛ぶ世界**が見えてきました。

現代の僕たちの社会、特に日本のように「福祉サービスは自分でなんとかしなさい」という国々は、経済よりも環境を優先したり人との繋がりを大切にしたりするのは難しいことでしょう。頑張って勝ち取って初めて安心した生活を得られるからです。

そうなると、環境を守ったり人との繋がりをよくするには、法律で縛ったり努力目標をつくらなければなりません。でも結局は、うまくいきません。ダイエットが難しいのと同じ原理です。

人は強制されたり頑張って何かをすることは瞬発的にはできたとしても、長期間、ずっと続けることは難しいのです。

僕は、20代の頃、フィットネスインストラクターをしていました。そのとき、ダイエットがうまくいく人といかない人の特徴を見ることができました。

コラム

「文化の違い」とどう向き合うか

僕は、20代30代の頃は、西オーストラリアによく行っていました。トータル滞在期間は、3～4年になります。

その時滞在させてもらっていたのが、イギリス人老夫婦のお宅。その家のご主人は、アボリジニ（オーストラリアの先住民族）自警団の議長をやっていました。
彼に付き添って、ドラッグ事件のあった場所の検証、アボリジニの喧嘩の仲裁、街の巡回などに参加したことがありました。

どこの国でも、価値観の押しつけによる迫害や混乱があります。
文化の違いによる価値観をどんな風にすり合わせていくのか？
これからの世界でさらに重要になっていくことです。

ダイエットが、長期的にうまくいく人は、運動や良い食事を楽しみながらできるような環境を作っている人でした。逆にうまくいかない人は、努力や強制でやろうとする人です。

鍵は「環境」と「楽しみ」が、あるかないかだったのです。

人は、強制や努力ではなく自由に「楽しみ」で選べたとしたら、自然にそちらに流れていくように出来ています。

もし、地球上のすべての人がベーシックインカムやデンマーク型のように無条件で基本的な生活が保障されるような環境に生きたとしたら、自然に溶け込み楽しむ人が増えるでしょう。さらに、周りの人を手助けする喜びの中に生きる人も増えるようになると思います。

誰かと競争して安心を勝ち取らなくても、みんなが安心を得ているからです。

一生が保障されているという安心感が人生の様々な楽しみを増幅させ、より良く生きる方向に自然に導いてくれます。

それが二種類のイヌイットの人々が見せてくれたことです。そして、アマゾンの先住民族の人々が示唆してくれていることなのです。

でも、そんな夢みたいなことが世界中でできるのでしょうか?

特に、日本のように「働かざるもの食うべからず」という観念が強い国が、それをひっくり返して「存在することを無条件でサポートされる」。そんな社会に変わることがあるのでしょうか？

そんなときに、出てきた次なるキーワードは、「第4次産業革命」そして「ＡＩ」でした。

これから世界を大きく変化させると言われているものだったのです。

世界の次の動き・第4次産業革命

「第4次産業革命」とは、どんなものでしょう？

まずは過去の産業革命から見てみましょう。

第一次産業革命は、18世紀にイギリスから起こりました。

それまで人の手で行っていた作業を蒸気機関を動力とした機械で作業するようになりました。その結果、効率が飛躍的に上がったのです。

この第一次産業革命は、主に織物工業や鉄鋼業が中心でした。

コラム

「三年寝太郎」という昔話

僕は、「三年寝太郎」という昔話が好きです。

水害に困っていた村で、三年間寝続けていた村の若者が、ある日、急に起き出して、山の岩を使って川の流れを変えてしまいます。
その後、その村では水害に困ることがなくなったというお話。

色々なバージョンが日本全国にのこっているみたいです。

三年寝てひと仕事する人。
毎日コツコツ積み上げる人。
たまに頑張って、お休みを長く取る人。
まったく何もしない人。

いろいろあってよいのです。

この世界は地球規模で見ると、どんどん効率が良くなって懐が深くなっています。
もっと「何もしない人」が増えたとしても大丈夫なぐらいに。

僕の明治生まれの曾祖父も、そのころ大阪でメリヤス工場を立ち上げていました。第一次産業革命の恩恵を僕も直接的に受けていたわけです。

第二次産業革命は、19世紀末期から20世紀初頭に起こった内燃機関、電力を使った大量生産です。

ドイツで石油を燃料とした内燃機関が開発され自動車や飛行機の実用化がされました。同時に石油関連の化学技術も躍進していきました。また、アメリカではエジソンが電球を改良し電気産業が本格化していったのです。

第三次産業革命は、１９８０年代から現代にいたる、コンピューターによるデジタル革命です。

いままで人がやっていたことを、コンピューターを利用して生産ラインを自動化するようになってきました。

僕は、ちょうど第三次産業革命がスタートした80年代に、大学で物理学を専攻し大型コンピューターに関して学びました。卒業してからは、日本の大手コンピューター会社に就職し、官庁や大手企業へのスーパーコンピューターやオフィスコンピューターの導入をお手伝いしていたのです。年を追うごとに便利にスピーディーになっていくのを体感していた時代です。

これまでの産業革命を見てもわかるように、それが起きる前と後では社会が様変わりしていきます。特に人の働き方が変化していき、その結果、人々の暮らし全般が変わっていったのです。

そして今まさに、デジタル革命に連動して起ころうとしているのが第4次産業革命です。AI、ロボット工学、ナノテクノロジー、量子コンピュータ、3Dプリンター、自動運転車など、どれひとつとっても世界を一夜にして変えてしまうような革新的な技術が次々と社会に導入されていきます。

その結果、近い将来、職業の半分がAIやロボットに取って代わられ、失業率が急激にアップするという事態も心配されはじめました。

（日本の場合、労働人口が低下するので、相殺されて、失業率はそれほど上がらないという見方もあります）

これらのテクノロジーがどのような時期に社会に導入され、世界が変化するのかについては様々な予想があり、研究者の間で議論されているところです。

ただ、100年という長期的なスパンで見ると、これまで「労働」と呼ばれることは、AI、ロボットがやってくれるようになり、人間は、より「創造的な分野」で活動するようになるということは、大方の専門家が持っている共通認識です。

僕は、このことに詳しい人物が周りにいないか？と探しました。すると出会えたのが、A

Ｉによる自然言語を研究している科学者でした。

その人物にすぐに会いに行きました。

世界を推し進める発明に関わってみる

ＡＩに関してお話をうかがったのは、もともと特許事務所に勤めていた科学者です。

その方は、ある時、コンピューターに小説を書かせたいと思い立ち、それを24時間研究したいと思いました。そこで、研究時間がとれるようにインターネット上の会員制ビジネスを立ち上げ、そこからの権利収入で生活をまかなえるようにしたのです。

現在は、コンピューターに人が日常的に使っている言葉を理解させる、自然言語処理を軸に研究されています。

その方に、ＡＩのことを、いろいろ聞かせてもらいました。

彼が研究しているのは、汎用型ＡＩというものです。人間のように、何にでも対応できる

コラム

AIロボットの驚異の能力

AIを搭載したロボットの映像を見せてもらいました。そのロボットがけん玉を初めてするシーンでした。

最初ロボットは、人間の手を借りてけん玉にチャレンジします。最初は失敗します。何度も何度も失敗します。そして、何十回と失敗した後、初めてけん玉を受け皿に入れることに成功しました。

驚くのは次のシーンです。AIロボットは、その後、一度も失敗することなく、けん玉を成功させます。その後は、何百回やっても失敗しません。一度の成功を記憶して、何度でも再現できるのです。

さらに驚きなのはここからです。その成功したデータを、ほかのAIロボットにそのまま移すことができるのです。ですから、たとえば、1万台の同型のAIロボットが世界中にいたとして、そのうちの1台が、何かのテクニックを成功させたとしたら、次の瞬間に世界中の1万台のAIロボットが、同じことをできてしまうのです。

SF映画のワンシーンにありました。ヘリコプターの操縦をしたかったら、そのデータをダウンロードした次の瞬間、操縦ができるようになっている、みたいな。AI搭載のロボットは、そんなことができてしまうのです。

料理も、お掃除も、建築も、製造も、一度覚えるとミスをしない名人芸を持つAIロボットの登場も、そう遠くないことでしょう。

ＡＩです。違う言い方をすると、意識があるＡＩ。

意識を作り上げるには、多くの課題があるそうです。

たとえば､汎用型ＡＩが人間と感覚を共有するためには､この世界の環境をそっくりそのままバーチャルに再現してあげなければならないそうです。重力や空間やモノの密度です。そのバーチャル空間の中で、汎用型ＡＩを育てることによって、初めて人間と感覚を分かちあえるそうです。人間の赤ちゃんがこの世界を認識していって自我が育つのと同じ行程を経なければならないのです。

また、今のアプローチでは、越えられない壁があり、まったく違う方面からの技術的進歩が必要らしいのです。そのため意識を作り上げるまでには、まだまだ時間がかかるみたいです。（汎用型ＡＩが活躍しはじめるのは２０４０年以降との見方が一般的です）

ただ、それができたとしたら、いま人が取り組んでいる、ありとあらゆる分野がＡＩに取って代わられます。

アトムやドラえもんが創造される世界です。

その汎用型ＡＩが出来る前に、活躍しはじめているのは、特化型ＡＩと言われるものです。

特定の決まった作業を稼働するＡＩです。作業が限定されているとはいえ、たとえば将棋や囲碁に特化したＡＩは、現在、プロレベルに至りました。そのような特化型ＡＩが様々な分野で応用して使われはじめています。今後、金融・翻訳・会計・雇用管理などデジタル上でできてしまうものは、どんどん人からＡＩに移行していくでしょう。

またロボット工学も日進月歩です。特化型ＡＩと連動させて介護や手術などの医療系、自動運転などの流通系、さらには農業など、様々な分野に導入されていきます。

ＡＩの発展を考えるだけでも、ここから10年、20年で世界は様変わりしていくと言えます。その結果、ＡＩに取って代わられる職種が広範囲で出てきて、失業率が急激に高まると言われています。そして、ＡＩ開発の覇者に富が一極化していき、さらに貧富の差が激しくなるとも。

この変容する世界に対応するため、世界ではさまざまな準備が始まっています。たとえば、インドでは日本のマイナンバーのような国民背番号制を導入していて、すでに国民の90％以上の12億人近くの人々の顔写真・指紋・両目の虹彩データが登録できているそうです。

インドの場合は、この制度は貧困対策という意味合いが大きいと思いますが、このような準備がされているのなら、失業率が一時的にアップしたときにベーシックインカムのような制度が容易に導入できるでしょう。

いま世界は大きな変容の夜明け前なのです。

コンドルとイーグルが共に同じ空を飛ぶとき

意識のある汎用型ＡＩが大活躍している、変容した後の僕たちの世界、21世紀後半の世界は、いったいどうなるのか、少し想像してみましょう。

変容後の地球は、ＡＩが人類に代わってものを作ってくれたり、サービスを提供してくれます。地球全体で見ると、その供給量は飛躍的に上がっていくでしょう。

これまで人類は、もともと地球にあった素材に手をかけてものを作ってきました。それが、変容後は人の力で作るものに加えて、ＡＩが作るものが加わってきます。そして、ＡＩが提供してくれるものの比率がどんどん上がっていき、人類は基本的に受け取るだけでよくなっていくでしょう。

あとは、ＡＩが提供してくれるものを地球上の人々でどのように分配するのか、という課題が残るだけになってきます。

さらに、ＡＩは、人類に対して働いてくれますが、その対価を求めたりしません。ここが今までとの大きな違いです。もちろんＡＩを所有している人やＡＩを作った人は対価を求めるかもしれませんが、それは、ＡＩの周囲にいる人が求めているのであって、ＡＩが求めるわけではありません。

ＡＩには、お金は必要ないのです。

この部分をもう少し掘り下げて考えてみましょう。

地球上にある物質、鉄でも石油でも何でも、最初は無料です。それを採掘するのに人の働きが必要です。さらに、それを加工する人の働きがあり、製品が出来たら、それを運ぶ人の働きがあります。

すべては地球から無料でもらったものに、たくさんの人々の働きが足されていき、最終的に消費する人が、対価（お金）をまとめて支払うというのが、僕たちの文明の仕組みでした。

変容後の世界は、ＡＩが途中の働きを担ってくれます。でも、ＡＩ自身は、その対価を求めないのです。

「ＡＩを創るのにコストがかかるのではないか？」

確かにそうなのですが、最終的にＡＩは、自分でＡＩを創っていくようになっていきます。

初期の段階では、ＡＩを所有している人や企業が対価を求めますが、あるポイントを過ぎると、それもなくなってくるのです。

こうして考えていくと、面白いことに完全に変容した後の世界は、アチュアル族が生きている世界と似てきます。

アチュアル族の人々は、森に入ると必要なものは何でも揃っていて「森は無料のスーパーマーケットなんだ」と言います。森がアチュアル族が生きるのに必要なものを作ってくれて、アチュアル族の人々はただ森に入って、それを取ってくるだけでよいからです。

そして、当たり前のことですが、森は対価を求めたりしません。

そう、森はＡＩで、ＡＩは森なのです。

コンドルとイーグルがともに同じ空を飛ぶ世界。その融合点を、僕は探していましたが、その姿が、おぼろげながら見えてきました。

コンドル族の自然と調和する生き方と、イーグル族のテクノロジーを極めていく生き方は、最終的にはどちらも同じ生き方になるということです。

コラム

「富の再循環」という考え方

IT系の世界的企業をまとめてGAFA（ガーファ）といいます。Google、Amazon、Facebook、Apple（ここにMicrosoftを加えることもあります）。近年、インターネットの世界を席巻している国際企業群の名称です。

これらの企業のトップは、若い世代も多く、富の再循環に関して積極的な考えを持っています。

たとえば、Facebookの創業者でCEOのマーク・ザッカーバーグは、ハーバード大学での講演でベーシックインカムの必要性に関して話しています。さらに、卒業生に対して、自分と同じように会社を大きくした人は、富の再循環に積極的にならなければいけないと語っています。

また、同じくFacebookの共同創設者のクリス・ヒューズは、独自の富の再循環の仕組みを自身の著書で紹介しています。

今後、ますますGAFAへの富の一極化が進むと予想されている今日、そのトップの人々の言動は、大きく世界を動かしていくでしょう。彼らの言葉が、インターネットを通して世界中の何億人という人々に直接届くからです。

そして、その進んだ言葉によって共振する意識の集合体のようなものが、これからの世界をさらに大きく動かしていく原動力になっていくことでしょう。

同じ空を飛ぶとは、同じ生き方になるという意味だったのです。

もちろん、変容途中の私達の文明では、お金のシステムが強く作用します。ＡＩや最新のテクノロジーを世界に提供した企業や人にお金が集中し、貧富の差が極端に激しくなる時期を通過するでしょう。

その後、一極に集まった富を消費者側に移す、ベーシックインカムやサービスの無料化のような仕組みが世界の様々な場所で整っていき、「富の再循環」の仕組みが動き出します。

そうして、何世代か経った後、変容が完全に完了したとき、お金の重要度は低下し、お金を中心に考えることが少なくなっていきます。

人類がお金から卒業して、新しいステージを生きていく時代です。

第4章

世界の屋根で見つけた融合点

ヒマラヤへの想い

僕は、大学の卒業旅行でオーストラリアの東海岸を1カ月かけて旅したことがあります。バックパックを背負って町から町にバスで移動したのです。

その旅を終えてシドニーからシンガポール経由で日本に帰国。そのシドニー〜シンガポール間のフライトでたまたま隣りに座ったインド人に話しかけてみました。

「オーストラリアを1カ月かけて、こんな旅をしてきたよ」とか、「日本に帰ったら就職するけど、いつか世界を旅したいんだ」と。当時の僕は22歳の夢多き若者でした。

そして、インド人である彼に、

「インドに行ったらヨガを習いたい」

と何気なく言ってみたのです。

すると、それまで穏やかだった彼の眼光が急に鋭くなり「わかった、教えてあげる」と言うのです。なんと、彼は、世界中にヨガ道場を持っているヨガ・マスターだったのです。

彼は、シンガポールでデリー便に乗り換えトランジット（待ち時間）が4時間ありました。僕もシンガポールでは6時間以上の待ち時間がありました。こうして、急遽、シンガポールチャンギ空港のフロアーの一角でヨガ・レッスンが始まりました。

（当時のチャンギ空港は、第1ターミナルしか完成していませんでした。閑散として広々とした空港でした。現在では、第4ターミナルまで拡張されて、のんびりヨガというわけにはいかないと思います）

ヨガ・マスターからの個人レッスンです。ヨガの基本、瞑想のコツ、秘伝の呼吸法を、フライト時間ギリギリまでレッスンしてくれました。

そして、去り際、彼は僕に名前をつけてくれました。

「よし、これでお前は、私の弟子だ。私のことをジジ・クーと言いなさい。

ジジは名前で、クーは先生という意味だ。

そして、これから、お前のことを『ヒラマヤ』と呼ぶ。

お前の後ろに、ヒマラヤが見える。それに、ヒロという音を合わせてヒラマヤとする」

このとき、僕は彼の目を見ながら、いつかヒマラヤに行こうって心に決めたのでした。

それから、月日が流れること30年。エクアドルのジャングルで「コンドルとイーグル」の話を聞き、インド縦断、北極圏横断、英国、そして様々な人々にお話を聞いた後に行ったのは、世界の屋根ヒマラヤということになりました。

東京で、あるパーティーに出席したときのことです。そこに登山家の青年が来ていました。僕は、彼に世界の先住民との出会いを話しました。彼は、僕に、世界の山岳民族に関して話してくれたのです。

そして、彼は翌年の春にエベレストにアタックすると。

僕は、ピンときました。僕もヒマラヤに行こうって。

もちろん、登山家の彼のようにエベレストの山頂に行くわけではありません。ヒマラヤの麓をトレッキングして山岳民族の生活に触れてみようと思ったのです。

こうして僕の探求の旅の次なる目的地は、エベレストの麓で暮らす山岳民族ということになったのです。

コラム

縁とは不思議なもの

人との出会いは不思議です。

このインド人ヨガ・マスターとの出会いのときも、もともと飛行機の隣の席には、友人が座る予定でした。

でも、その友人は、シドニーの空港で飛行機に乗り遅れてしまったのです。そのお陰で、インド人マスターから、ヒマラヤにちなんだ名前をもらうという幸運が舞い込みました。

もしも、そのときにヨガをシンガポール空港で習わなかったら、もしかしたら、僕は後にヒマラヤに行くことはなかったかもしれません。


ちょっとした出会い。ちょっとした偶然。それで、道が変わることもあります。それが人生の醍醐味です。

心をオープンにして、人生の不思議なご縁を楽しみたいものですね。


僕の経験では、予定通りいかないときや、急に変更になったスケジュールで、その不思議なご縁が発生しやすいように思います。

急に友達がスケジュールを変えてきたとき、次に誰と出会うのか、ちょっと注意して見てみると面白いところに導かれるかもしれませんよ。

幻の街・カトマンズの姿

ネパールの首都はカトマンズです。映画では、幻想的な街として描かれることが多い街。エベレスト登山の玄関口です。実際に行ってみると100万人の大都市です。四方を山に囲まれた盆地にあります。

沖縄ぐらいの緯度にありますが、標高1400mということで暑くも寒くもなく、温暖な気候になります。

ただ、イメージと大違いなのは大気汚染がひどかったこと。マスクなしでは、街を歩くことは困難なのです。ヒマラヤの山々に囲まれた、美しい空気と水を想像しカトマンズに降りてみると、期待を大きく裏切られるのです。

1900年代の半ばまで鎖国状態だったネパール。開国後、一気にカトマンズの人口が増えスラムと呼ばれる貧困地域も広がりました。カトマンズの街は、年中道路工事が行われています。さらに、南にあるインドから流れてくるチリ。たくさんの車。そのせいでカトマンズの街はホコリだらけです。

僕は、エベレスト地域に住むというシェルパ族に会いたいと思い、エベレスト近郊のトレッキングルートを、ネパール人ガイドにリクエストしました。

しかし、運悪く悪天候が続きました。カトマンズ市内は、晴れていましたが、エベレスト付近は気流が乱れていたのです。

エベレスト方面に行くには、世界で一番離着陸が難しいと言われる、テンジン・ヒラリー空港を使わなければなりません。標高2800mにあるこの空港、崖に設置されていて、滑走路は、たった527mしかありません。まさに崖っぷち。しかも、周りは8000mの山々に囲まれていて、少しでも天気が荒れると、すぐに欠航になってしまいます。

数日粘りましたが、結局は、行き先を変更することになりました。エベレスト登山のスペシャリストである山岳民族シェルパ族に会いたかったのですが、残念です。

僕たちは、ネパール中部にあるアンナプルナ山群に行くことになりました。エベレスト近郊と同じように8000m級の山々が連なる場所。最高峰は、アンナプルナ第一峰8091mです。

アンナプルナとは、サンスクリット語で「豊穣の女神」という意味があります。でも、その美しい名前とは裏腹に、頂上に立つのが非常に難しく、世界でもっとも死亡率の高い山としても有名です。

もちろん、僕たちの歩くトレッキング・ロードは安全です。ただし、ヒマラヤですから、なめてはいけません。トレッキングとはいえ、標高2000m～4000mを歩きます。

僕は、山岳民族のガイドやポーターに助けられながら、世界の屋根を歩きました。

山やジャングルでは時々、頭を上げて景色を見る

アンナプルナのトレッキングは、ネパールの中央にあるポカラという街からスタートします。街から車で数時間、登山口まで送ってもらい歩きはじめます。

登山口の入り口は、標高1640mの所にありました。そこから、その日の目的の地まで、直線で5㎞。標高1950mの高台です。

僕は、たった5㎞だからと、初日のこの行程を、すこしなめてかかっていました。準備をちゃんとしないまま、歩き始めてすぐに後悔しました。

高低差は、たった300mだったのですが、登っては降り、登って降りを繰り返す、つづ

ら折りの石段が5㎞、続いたのです。

後で、ステップ数を確認すると169階分。関西で一番高いビルである「あべのハルカス」は、高さ300mで地上60階建て。ハルカスを何往復も登り降りしたということになります。

そこを山岳民族であるポーターは、20㎏以上ある荷物を担いで楽々と登っていきます。

僕は、途中で両足が痙《つ》ってしまいました。一歩踏み出しては痙り、また一歩踏み出しては痙りの繰り返し。まさに倒れ込むように、初日の宿に到着しました。

翌日は、水やミネラル補給用のアメなどを準備して、トレッキングを継続です。標高2854m。

さらにその翌日、３２００mの高台まで。そこまで登ると８０００m級のアンナプルナの全景が見えてきます。

３０００mを越えるととたんに、身体に変化が出ます。酸素が少なくなって頭が痛くなってきます。高山病の前兆です。

身体を慣らして、十分注意しながら残りの行程を歩きました。

山を歩いているときに山の民から、アマゾンの森の民から教わったことと、同じことを言われました。

「歩いているときは、時々、頭をあげるんだ。

足元ばかり見ていると、せっかくの山を楽しむことはできない」

ヒマラヤを歩いていても、ジャングルを歩いていても、ついつい、足元に気をとられてしまいます。ずっと、足元ばかり見て、頭上に広がる世界を見ることなく過ごしてしまいがちです。

時々、頭を上げて見回してみる。そして、そこにいて、それを感じる。その場所と繋がってみる。

先住民の人々にはあたりまえのことですが、僕たちは、ちゃんと意識しないと忘れてしまいます。

それからは、どこに行くときも、僕は、時々、頭を上げて、自分のいる場所を感じるようになりました。そうすると、どの旅も、より味わい深いものになっていったのです。

そして、旅だけでなく、人生に関しても、足元ばかりではなく、時々は頭を上げて遠くを眺めるようになりました。

すると、人生はさらに味わい深いものに変わっていったのです。

コラム

学校で学ぶ
ということ

ヒマラヤの山岳民族の子どもたちは、学校に行くのに苦労します。3000 mを越える高地の尾根に点在して住むので、山を越えて、なかなか学校まで行くことができないのです。

アマゾンのジャングルの子どもたちもそうです。ジャングルのなかを学校に行くために、行き来するのはとても難しかったりします。

そのような地域の子どもたちにとっては、一回一回の授業がとても大切なものになります。

未来のある時点では、そのような場所でもインターネット回線を通じてより良い授業が受けられるようになるかもしれません。それもコンドルとイーグルの融合点のひとつの形だと思います。
実際に気球や飛行船を飛ばして、広い地域にWi-Fiを届けるという実験がされています。
地球上のあらゆる場所で、言葉や農業や医療を学べるようになるのです。

ネパールの多民族の世界

ネパールは人種・民族の坩堝《るつぼ》です。

生活様式が違ったり、肌の色が違ったり、宗教が違ったり、言語が違います。民族も100以上に分類されます。

その中で有名なのがシェルパ族。エベレスト登山に、なくてはならない存在です。他にも山で暮らす民族はたくさんあり、登山やトレッキングのガイドやポーターとして活躍しています。

ネパールの低地にもユニークな民族がいて、たとえば、泥で造った家に住む民族もいます。大型のピザ窯みたいな形状のお家で、土で出来ているというのに、家の内も外もチリひとつありませんでした。働き者の奥さんがずっと掃き掃除をしていたのです。

このような多様な民族がいて、ネパールは、カーストと呼ばれる階級制の社会を構成しています。

今回のガイドは、その中でも上位に位置するカーストの出身でした。

多様な教育を受けていて英語や日本語を話し、荷物を持つことをしないで、山の案内、ホテル、ドライバー、ポーターなどのアレンジをしてくれます。

一方、荷物を持ってくれるポーターは、彼らの言語を話し、ただ荷物を担いで山を歩きます。

このような山に住む人たちの多くは、子どもの頃、教育を受けるのに苦労します。学校に行くにも、高い山で隔てられているからです。賃金にも格差が生まれます。僕の感覚では、重い荷物を運んでくれたポーターに、多目にチップを払いたくなりますが、ガイドにチップを多く払うよう旅の手引書には書かれていました。

階級のある国では、ごく当たり前のことですが、複雑な心境になります。

このネパールの旅で思い知らされたのは、僕と彼らの身体の違いです。圧倒的な身体能力。アマゾンの先住民もそうでした。ジャングルを、どこまでも歩いていける驚くような力があります。

それが、僕たちの文明の人々にも、必要だと感じました。

このネパールの旅では、「コンドルとイーグルの融合点」に関して、何かヒントを得たかというと、ありませんでした。

でも、この世界に意味のない出来事は起こりません。

この1年後、エベレストの反対側にある、ブータン王国に行くことによって融合点がはっきりしてきました。

ネパールの旅は、ブータン王国との比較をするために必要不可欠な旅だったのです。

再び、ヒマラヤへ。世界一幸せな国との出会い

ネパールの旅から翌年、再びヒマラヤを訪れることになりました。

このときの目的地はエベレストの東、ブータンです。ブータンの正式な国名はブータン王国。国民から親しまれている国王がいる国です。

この旅に誘ってくれたのは、チベット仏教の専門家、牧野宗永《まきのそうえい》さん。

牧野さんは、ネパールやブータンのお寺で長期間修行をされ、現地の言葉も流暢《りゅうちょう》に話され

ます。

そんな専門家にガイドをしてもらい、ブータンを旅しました。

ブータンは、世界で一番幸せな国と言われています。でも、本当にそうなのでしょうか？ただの観光のための宣伝文句じゃないでしょうか。

僕は、ブータンの幸福とはどんなものなのかを確かめたいと思って現地に立ちました。


ブータンの大きさは九州ぐらいです。人口は約76万人。高知県と同じくらいの人数になります。

国土は非常にユニークで、北部はヒマラヤの山々が連なります。７０００m級の山が４峰もあり、多くの場所が標高３０００mを越えます。中央部は標高１２００m～３０００mの高原。そもそもブータンは、沖縄と同じぐらいの緯度なので、標高が低くなると気温が上がっていきます。そのため、中部の高原地帯は、ちょうど人が住みやすい気候となります。さらに南部は標高２００m～１２００mで、暑い亜熱帯です。マラリアやトラが分布するジャングルが広がります。

この大きな標高差が、ブータンの特徴です。そして、その高低差を利用して水力発電で電力をまかなっています。さらに、その余剰電力を隣国のインドに売り外貨を得ています。

ブータンのもうひとつの特徴は、行政のあり方です。

国民の「幸福度」を数値化し、それによって行政活動をするというものです。多くの国は、GNP（国民総生産）を国の指標にしています。国全体の経済活動が大きくなるように舵取りをしています。でも、ブータンは、国民の幸福量が大きくなるように政策を決めています。その指標は、GNH（国民総幸福量）と呼ばれています。

僕は、最初、これは外国向けのポーズではないかと思っていました。でも、実際にブータンを見てまわると、本気でGNHを高めるために国全体が動いているということに気づかされたのです。

また、多くの国民もその方針を、受け入れていました。

たとえば、僕たち観光客が取得する観光ビザも、ブータン国民が幸せになるように考えられています。

ブータンの観光ビザを取るには、宿泊日数×250ドル以上の旅行プランを作らなければなりません。格安の宿屋に泊まる、バックパックツアーみたいな旅はできません。ちなみに、この250ドルの中には、宿泊代、飲食代、ガイド代、ドライバー代などが含まれます。ですので、ブータンに入るすべての旅行客は、良いホテルを利用し、ツアーガイドとドライバーが付きます。

ガイドからブータン王国の成り立ちや大切にしていることを聞きながら、車で送り迎えされながら旅をします。旅行者のブータンへの理解が深まり、現地の人々との交流もブータン人ガイドを間に挟み、良好に行われます。

まだ開国して日が浅いブータンです。フルオープンで観光客を受け入れるのは、経済活動だけを見ると成果を得られるでしょうが、国民全体の幸福度という観点から見ると、弊害が大きいとブータン政府は考えています。

国民の幸福のために、ある程度の金額を出してでもブータンのことを知りたいと思う観光客だけを受け入れるという姿勢を崩しません。

経済を取るのか?

幸福を取るのか?

はっきりと幸福を取ると決めた国が「ブータン王国」だったのです。

おどろくほどやさしい野犬

ブータンの人々は本当に幸せに暮らしているということが、ある動物を通じてはっきりとわかりました。それは、「野犬」です。

南アジアや東南アジアには、野犬がたくさんいます。日中は、それほどでもありませんが、日が陰ると野犬は群れて吠えながら後をついてきたりして、怖い思いをすることがあります。

ブータンにも野犬がたくさんいました。

でも、この国に暮らす野犬達は、驚いたことに、みんなノンビリとした、優しい犬たちだったのです。うなりながら近寄ってくるような野犬はブータンでは、見かけることはありませんでした。それどころか、人がたくさん行き交う場所で、お腹を上にして、お昼寝をしている野犬がいました。

このことに気がついたのは、ブータンで一番有名な山寺に行ったときのことです。険しい山の中腹にある山寺でした。途中の参道は細くなっていて、その道の真ん中にお腹を放り出して、野犬が眠っていたのです。参拝客は、みんな、その犬のお腹の上を跨いで歩いていっ

ていました。僕も恐る恐る、その犬のお腹の上を跨ぎました。

昼寝をしていた犬は、ピクリとも動かないで、気持ち良さそうに眠ったままでした。

この野犬は、いままでの生涯で一度たりとも人間に、お昼寝中、お腹を蹴られたり邪険にされたことは、なかったのでしょう。

その後、注意してブータンの人々と野犬の関係を見てみました。ブータンの人々は野犬を追い立てるようなことはしません。それどころか、犬たちに朝ごはんを施していたのです。

ブータンの人々は、チベット仏教を深く信奉しています。また、輪廻転生という考えも固く信じています。彼らは、あらゆる

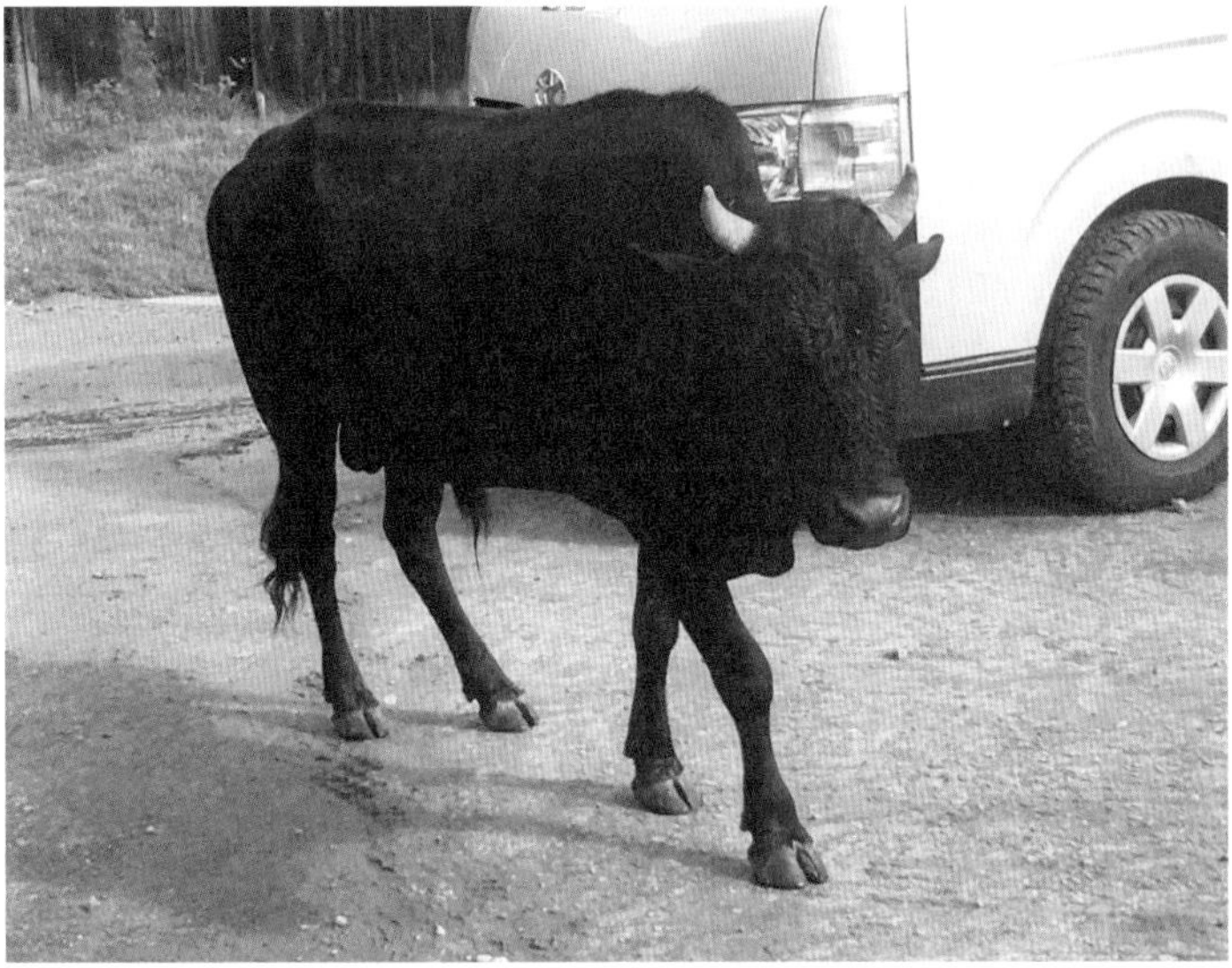

命は、亡くなって49日経つと別の命となって生まれ変わると考えているのです。そのため、野犬も、ご先祖様が転生したものだったり、先に亡くなった身近な人かもしれません。邪険にしたり、ぶったりすることはないのです。

この考えは、あらゆる命に適用されます。ブータンの移動は車がメインでした。ブータン人のドライバーは、時速40㎞ぐらいの速度で道を走らせます。

道中、放し飼いの牛が、道をふさぐことがたびたびありました。ドライバーは、そのときクラクションをならすことなく、牛が移動するのを待ったり、迂回できるようなら迂回して、できるだけ牛たちの行動を制限しないように気を遣っていました。

身の周りのすべての命に対して、心を配る特性を持っているのがブータンの人々だったのです。ちなみに、蚊やハチのように人に対して害がありそうなものまで含まれるのは驚きです。蚊に刺されても、パチンとしないで、そっと送り出すような人もいます。

このような命に対する感覚は、日本人も一昔前まで持っていたと思います。でも、経済が発展する間に、いつのまにか弱くなってしまった感覚です。

ブータンの人々から教わったことは、「幸せな生き方」に欠かせないのは、周りにいるすべての生き物に対して気配りすることだという事実です。

僕たちは、どこで生活していても、生き物の真っ只中で暮らしているのですから。

ミニワーク

あなたの周りの動物たちが、亡くなった身近な人の生まれ変わりだとしたら、どんな感じで、その動物と接するでしょう?

あの時亡くなったおばあちゃんが、猫になって戻ってきている。おじいちゃんは、犬になって戻ってきているなど、いろいろ想像を膨らませて接してみてください。

また、あなたは、次に人間以外に生まれ変わるとすると、いったいどんな動物になりたいですか？　その理由は何ですか。

あるいは、昆虫や爬虫類のような生き物になってみたい人もいるでしょうね。自由に連想していってください。

飢える心配をしなくてもよい

ブータンの人々が幸福なのは、飢える心配をしなくてもよいという背景があるからだということもわかってきました。

ブータンの人々の70％は、農業に携わっています。その人達が自給自足して余りある食物を作り出しています。さらに、お互いに作物を交換し合ったり施し合ったりしています。

また、村の若者が首都のデンプーに新しい生き方を求めて移り住み、結局、仕事にあぶれて田舎に帰るということになっても、村の人々は、その若者の帰郷を快く受け入れ、食べ物を提供してくれるという優しさがあります。

この農業に関してですが、現在、ブータンの作物が豊かに取れるのは、ブータン農業の父と呼ばれる日本人、西岡京治《にしおかけいじ》さんの貢献が大きいのです。

西岡さんは、海外技術協力事業団（現ＪＩＣＡ）として１９６４年にブータンに入りました。そこから、亡くなられる１９９２年まで、28年間にわたってブータンの農業発展に尽力されました。

それまでのブータンは、ごく限られた農作物しか作られていませんでした。それを西岡さんは、孤軍奮闘し、お米、大根、キャベツ、玉ねぎ、じゃがいもなど様々な品種の育て方を現地の人々に教えていったのです。

さらに、西岡さんは流通、産業、生活基盤などの改善も指導していき、その活動の影響はブータン全体に影響していきました。

ブータン各地の収穫高は上がり、豊かさをもたらしたのです。

西岡さんは、その貢献をブータン国王から認められ、民間人として最高の爵位ダショーを授けられました。西岡さんが亡くなってから時間が経ちましたが、いまでも、ダショー西岡という名前を知らない人はいないぐらい、人々の尊敬を集めています。この西岡さんの働きのお陰で私達、日本人は、格別、ブータンの人々から暖かく迎えられるのです。

このようにブータンの社会は、飢える心配をしないですむところです。チャレンジして、失敗しても誰かが食事を提供してくれる、そんな人の情けを受けることができる場所。それがブータンです。

「コンドルとイーグルの融合点」には、このブータンの人々が持っている、人の情けを受けることができるというのも大切なポイントになりそうです。

ブータンの人々の幸せのベースにある「足るを知る」

ブータンの人々は、野犬やまわりの生き物への対応などから、平安に暮らしていることがわかりました。ただ、ＧＤＰなど経済的指標は、まだまだ低いと言えます。

いいものが、あまり多く流通していませんし、高級品と呼ばれるようなものを売っているお店は、首都デンプーでも見かけません。

それでも、ブータンの人々は幸せです。

なぜでしょう?

ブータンの人々は、**「足るを知る」**という仏教的な考えを大切にしています。何かが欲しいということより、いま持っているものに満足して、現在の状態に感謝することが多いのです。

さらに、農業に従事している人が多く、唐辛子と赤米など質素な食事を好み、自給自足で生きている人が多いのも「足るを知る」という観念を支えているのでしょう。

お金は少なくても、飢える心配をすることなく、少ない持ち物でも、足るを知ることで幸福感を増しているのです。

さらに、輪廻転生を信じています。そのため50代以上のブータンの人々は、来世の良い転生のために善徳を積みます。他人のためにお祈りしたり、進んで手助けをする人が多いのです。

ちょっと想像してみてください。もし日本で、すべての50代以上の人々が、誰かのために生きることを選んで暮らしていたとしたら、いったい、どんな社会になっているでしょう?

まさにその状態で暮らしているのがブータンなのです。

また、国民の70人にひとりは、チベット仏教のお坊さんとして出家しています。ブータン

のお坊さんは、非常に厳しい戒律を守ります。妻帯することはありませんし、殺生も厳しく禁じられています。祈りの中で生きているのです。

ブータンの人々は、親族の中から、誰か一人はお坊さんになるように願っています。お坊さんとして生きる人が出ると一族をあげて喜ぶのです。

このような風土ですので、ブータンの土産物屋さんに入ったとしても、他のアジアの国々のように緊張することがありません。財布を取られないか心配しながら土産物の値段交渉をしなければならない国とは大違いです。ブータンでは、日本でお買い物をしているときのような安心した感覚でいることができるのです。

正直な人が多いこと。そして、足るを知りながら生きる人が多いのが、ブータンのいちばんの幸せの秘訣でした。

テクノロジーと伝統的生き方の融合

ブータンは、1950年代まで鎖国政策をとっていました。近代化を拒否していたのです。そして、1972年に国連に加盟しました。本格的な開国です。

このとき、当時16歳だった第4代国王が即位しました。インド・イギリスで学び内外の厳選された教師陣に教えを受けていた国王は、「節度ある開国」という、かなりゆっくりなペースでの近代化を選びました。

経済的発展よりも国民の幸福を最優先にすることを、国政の基本に置いたのです。

服装も、民族衣装の着用を義務づけました。男性は「ゴ」、女性は「キラ」というもので日本の着物によく似ています。

建築物も、伝統的な様式を守らないと建築できないようにしました。そのため街は、見事な統一感があります。
ブータンのような小国では、文化的アイデンティティーを維持していかないと社会が不安定になるという考えから、厳しく伝統的な文化を守っているのです。さらに、医療と教育に関しては、無償化を進めていきました。
また、街と地方の農村の格差が広がらないように国王自らが地方を行脚して要望を聞き入れたりしています。自然環境に関しても、森林資源の伐採などは厳しく制限されています。
経済活動だけを考えた隣国では、森林資源が枯渇してきていますが、ブータンの森は豊かに維持されています。

現在、第4代国王は退位されていて、第5代国王になっています。

退位された第4代国王は、いまも地方の村々を回り直接、国民から要望を聞く活動を維持されています。

このような流れの中、ブータンでは、1999年にテレビとインターネットが開放されました。さらに大きく一歩、ブータンは、近代化に踏み込んでいったのです。

いま、若い世代は、スマートホンを持ち、YouTubeを見ながら暮らしています。それ以前の世代とは、違った価値観を育てていっています。それでも、文化を守り、自然を守り、命を尊ぶことは引き継がれています。


ブータンのあり方は、世界に対して、とても興味深いサンプルを提供してくれています。

特に、先住民の知恵をベースに生きる人々が、どのように現代のテクノロジーを取り入れると良いのかの参考になると思います。急いでテクノロジーを取り入れてしまうと、民族のアイデンティティーを簡単に崩壊させてしまうからです。

民族の特徴を維持しながら、ゆっくりとテクノロジーを浸透させていくこと。ブータンが身を持って教えてくれていることです。

また、日本のように進んだテクノロジーを持っている国々に対してブータンは、自然との融合の大切さ、食べ物を作ることの大切さ、他の生物との共存共栄などに関して、たくさんの知恵を与えてくれています。

コンドルとイーグルの融合点。ブータンに行けたおかげで、その姿が見えてきました。

ミニワーク

どんな国をつくりますか？

ブータンの王様は、経済発展よりも国民の幸福を優先して、国をデザインしました。また、伝統を復活させ、服装や建築物を古来からある形にしました。

それでは、もし、あなたが、国王や女王になったとしたら、いったいどんな国にデザインしていくのでしょう？　国の、何を優先して、どの分野を発展させたいでしょう。

ここでは、あなたがデザインする国を想像してみてください。

第5章

世界を回って知った幸せな生き方

世界のユニークな場所、極限の環境で暮らす人々と触れ合うことで、僕の生活習慣や価値観も変化していきました。

その変化は、現代人が先住民の生き方から学ぶ姿でもあります。

そして、それはある意味、「コンドルとイーグルの融合点」の具体的なポイントを指し示すものでもあることでしょう。

この章では、世界の人々から学んだ、幸せに生きる秘訣をまとめていきます。

僕の個人的な変化をベースにして、これからの世界を普通の人が幸せに生きるための秘訣を書き出していきたいと思います。

世界を回って知った幸せな生き方　その1

「幸せの秘訣は、歩くことから」

先住民との出会いで、彼らと僕たちで、一番違っていると思ったのは、「体の強さ」です。具体的には、「歩く」ということ。

彼らは、大人から子どもまで圧倒的な脚力を持っています。

アマゾンの奥地に入った時、僕たちの荷物は先住民アチュアル族の女性や子どもたちが運んでくれました。ジャングルの中にある飛行場から、彼らの村まで、僕たちの足では半日以上かかる距離です。そこを、10kgから20kgある荷物を背負いながら、先住民の人々は、ぬかるんだジャングルを楽々と歩いていきます。しかも、裸足でです。

荷物の中身は、僕たちのカバン、滞在期間中の飲料水、食料、その他ジャングル滞在に必要な道具などです。それらを担ぎながら、僕たちの2倍以上の速度で彼らは森の中を歩いていったのです。

ネパールの山中でも、圧倒的な脚力の差を見せられました。山岳民族出身のポーターは、30kg近い荷持を背負いながら山を登り降りしてくれます。そうしながら、僕の後ろにピッタリと寄り添いながら歩いてくれるのです。

そんな彼に、命を救われました。水だけしかもたない身軽なはずの僕ですが、ヒマラヤのアップダウンにフラフラになってしまい、切り立った崖で、つまずいてしまったのです。そのとき、山岳民族のポーターは、後ろから僕の腰を、さっと支えてくれました。あの重い荷物を持ちながら、前を歩く人がつまずくのを予想して手助けする。驚異的な身体能力です。

ブータン王国でも、山奥の寺を尋ねるために永遠に続くかと思うような石段を歩きました。そこを案内してくれたのは、ブータン人女性のガイドです。彼女は、日本の着物とそっくりのキラという民族衣装を着用して、足にはサンダルという出で立ちでした。その姿で、息一つ乱さずに長い石段を登っていったのです。圧倒的な脚力でした。

僕たちは、快適な生活と引き換えに「歩く」という基本的な人間の能力を弱めてしまいました。

このことに気がついてから、僕は「歩く」ことに意識を向けて生きるようになりました。毎日、多くの時間を、歩くことに費やしたのです。目標は、一日15km。それまでは、車や公共機関で行ったであろうところに、歩いていくようになりました。

すると、面白いことに、街の景色が変わっていきました。それまで気がつかなかった、街の小さなモニュメントや路端の草花に気がつくようになったのです。さらに、風の動き、雲の形、太陽の角度など、自然を感じる感性が高まっていきました。歩くことによって、いままで封印されていたものが開いていったのです。

継続して歩いていると、体調も変化します。体重が減り、足のシェイプも変わります。疲れをあまり感じなくなり、眠りも快適になります。睡眠時無呼吸症候群といわれる、寝ているときに呼吸が数十秒、止まってしまう症状があったのですが、それも治まってきました。

先住民の持っている圧倒的な身体能力を現代社会に住む僕たちも持てたとしたら、僕たちの生活も、感じ方もまるで変わります。どこに行くにも自分の脚で事足りて、多少無理しても疲れないような身体からくる喜びを感じられるようになるのです。

もちろん、いきなりたくさんの距離を歩くのは、逆に身体を壊すようなことになります。最初は、いつもの駅の一駅手前で降りて歩いてみるとか、駅のエレベーターを使わずに、階段を選ぶとか。ごく身近なことから始めるだけでもよいでしょう。その時のあなたの体調に合わせて、あなたの身体を楽しんでください。

歩くというのは、わざわざスポーツウエアに着替えることなく、どこでも、いつからでも始められる手軽さがあります。今、踏み出す、この一歩から、幸せな生活が創造されます。

先住民と僕たちの文明の融合ポイントは、「歩く」ことから始まります。

「幸せの秘訣は、少なく食べる」

歩くことの次に変わったのは、「食べる」ことです。

アマゾンの先住民アチュアル族は、チチャという食べ物が主食です。チチャはキャッサバという芋（タピオカの原料です）からつくります。

キャッサバには毒素があるので、まず蒸してから捏ねます。それを冷ましてから口に含み「くちゃくちゃ」噛みしめます。唾液をたくさん混ぜるのが目的です。その唾液を混ぜたふかし芋をツボにいれて数日間ねかせます。すると、唾液入りの芋が発酵してきます。最後に濾して出来上がったものがチチャです。

口噛み酒ならぬ口噛み芋スープ。

彼らは、基本的にこれしか食べません。そして、チチャは一家のお母さんだけが作ります。まさに「おふくろの味」なのです。

アチュアルでは、誰かのお家に行くと必ずお椀を渡されチチャを振る舞われます。

もちろん、僕たちもです。

チチャを飲みながら、その家の人と語りあうというのが風習で、振る舞われたチチャを飲まないのは、とても失礼なことになります。ただ、飲み干してしまうと、すぐに継ぎ足してくれるので、タイミングを見計らう必要があります。

それ以外の食べ物は、週に二度、男性が狩りに出かけて獲ってくる、魚・鳥・動物などのタンパク質です。

あの過酷なジャングルで、アチュアル族の人々は、基本的に芋スープであるチチャと週に2回のタンパク源だけで生きていけるのです。しかも、筋骨隆々の身体で。

ブータンの人々も独特な食文化を持って

いました。彼らは、赤米に唐辛子です。世界一辛い家庭料理といわれているブータンの日常食。エマダツィと呼ばれ唐辛子にチーズをからめたもので、各家庭でつくられています。ご飯とエマダツィ。彼らは、これだけで満足なのです。

このようなあり方を、僕も日本でできないかと考えました。

さすがに、芋スープだけということは気が進みません。やはり、日本人にとっての大切な食事といえば、米と味噌です。

昼食を、おむすび2つと少量のおかず、それに、佃煮や味噌を足したものにしてもらいました。最初は味気なさを感じました。でも、すぐに慣れ、15㎞の歩行もさらに順調に歩けるようになったのです。

お米とお味噌と少量のおかず。歩くことの次に変わったのが食習慣です。

多くを食べずに、味わいながら伝統的な食事を頂く。

僕は、三食のうち、まずは一食だけの変化でしたが効果は大きかったのです。味覚が鋭敏になり、結果的に他の二食も、徐々に少量になっていき、適切な量になっていきました。

常に過食気味な私達の文明で、「少食」は、「歩く」以上に難しいことかもしれません。街のどこでも、食事が手に入ります。その多くは高カロリー、高栄養価です。でも、人間の身体は、何万年もの間、食うや食わずの生活を続けてきました。満ち足りた食事を食べられるようになったのは、限られた地域でそれもほんの数世代のことです。

まだ、僕たちの身体は、飢餓に陥らないように、食べ物を簡単に蓄えられるように設計されたままです。

せめて一食だけでも、少なくするところから始めると良いでしょう。

幸せな生き方の、2つ目の鍵は、「少なく食べる」です。

「幸せの秘訣は、良い夢と悪い夢で変える日常」

アマゾン先住民の目覚めは、夜見た夢を語り合うことから始まります。

午前3時に起き出して、お茶を沸かします。ワユサと呼ばれるお茶です。そのワユサティーを、お腹いっぱい飲みます。それも、限界ギリギリまでたくさん。そして、それを全部吐き出すのです。大きな音を出して盛大に吐瀉《としゃ》します。

日本で普通に暮らしていたら、あまり吐瀉する体験はないと思いますが、彼らは、吐瀉が日課です。みんなであちこちの場所に散って、ゲ〜ッ、ゲ〜ッ、ゲ〜ッ、って。まだ夜が明けない真っ暗な中、カエルの大合唱みたいです。

こうして、胃の中がクリーンになったら、円座して、その日見た夢を語り始めます。集まった全員が話し終わり、良い夢が多かったら狩りに出ます。悪い夢が多ければ、一日のんびり過ごします。

ある意味、夢の世界が、現実の世界よりも上位にあります。

僕も、彼らを見習って、日本に帰ってから夜眠ることの重要度を上げてみました。目覚めたときの感覚、夢のあるなし、睡眠の深さなど。さらに、前述した、15㎞のウォーキングや昼食をおにぎりと少量のおかずという生活習慣も、このとき始まっていました。昼食を少量にすると、自然にお腹が空くので、夕食を早めにとるようになります。そして、夕食から眠るまでの間が、4時間以上あくことになります。そして、4時間以上あると、胃から腸に食物が完全に移動して、胃が空になります。胃が空になっていると、質の良い睡眠がとれると言われています。

もちろん、日中に長距離を歩いているので、程よい疲労感が眠りに誘ってくれます。

「歩く」、「食べる」、「眠る」。

このサイクルが身体に浸透していくのをモニタリングしました。

サイクルを保っていると身体のすみずみまで順調に動きだしてくれます。不調だったところも改善されていきます。逆にサイクルが崩れると、眠りも浅くなり、僕の場合、不快な夢を見やすくなることもわかってきました。

そして、幸せな夢を見た日は、新しいことにチャレンジしたり、初めての場所に行ったりして、意図的に活動的な日にします。そうでない日は、少し抑え気味に。本を読む時間や瞑想の時間を長くして、静かに自分の内面に向き合うようにします。あと、夢を覚えていない日は、寝覚めの気分で決めます。寝覚めがよかったら、すこし行動的な日に。悪かったら、受動的な日にです。

僕たちの文明では、行動的な日がずっと続くのが良いとされがちです。
でも、本来の人の生き方は、ゆっくりする日と行動的な日との波で出来ていると思います。
不思議ですが、このように、夢を上位に生きてみると、行動的な日も、ゆっくりする日も、両方の大切さを味わえるようになりました。体調とシンクロして外側の事象が起こるという感覚が楽しめたりします。

眠っている間に、人は身体を整えます。

三番目の幸せな生き方の鍵は、「夢」でした。

ミニ
ワーク

夢を大切にする

まずは、あなたの目覚めをチェックしましょう。

目覚めは良かったでしょうか？　悪かったでしょうか？

眠ってスッキリしたでしょうか？　それとも、モヤモヤしながら起きましたか？


それに慣れてきたら、夢を覚えているかどうかもチェックしましょう。

あなたは。夢の断片を覚えているでしょうか？　それとも、思い出せないでしょうか？


さらに慣れてきたら、夢の内容の良し悪しで、日中の行動を変えてみてください。

良い夢の日、良い目覚めの日は、活動的に、新しいことにチャレンジします。

逆に、悪い夢の日、目覚めの悪い日は、行動を抑えめにして、お家や職場では、できるだけのんびりするように心がけましょう。

このようにして、しばらく現実の世界よりも夢を大切にしながら生きることをしてみましょう。

「幸せの秘訣は、繋がる」

「歩く」、「食べる」、「眠る」というサイクルを楽しめるようになると、人生の快適感が増していくのを感じるでしょう。身体があなたにもたらしてくれる幸福感です。

こうして、自分の身体との関係が良好になってくると、次は自分と周りとの関係にも意識が向いていきます。

僕が、周りとの関係で大きな影響を与えられたのは、ブータンです。

ブータンのお寺には、入り口にマニ車というものが設置されています。コマのような形をしていて、中には、お経が入っています。マニ車は、手で回すと一回お経を読んだのと、同じ功徳があるとされています。大きさは、まちまちで、片手で回せるものから、全身の力を使わないと回せないような大型のものまであります。

ブータンでいちばん古いお寺に行ったときのことです。お寺の入り口で、50代くらいの男性が、ずっとマニ車を回していました。お寺に入るわけでもなく、ただ、マニ車を回し続けていたのです。

ガイドに「どうして彼はずっとマニ車を回しているの？」と聞いてみました。

すると意外な答えが返ってきました。

「あの人は、ここを訪れる人の代わりに回しているんですよ」

「えっ？　では、目の前を通る、まったく知らない人のために回しているってわけ？」

「そうです。来世の生まれ変わりのために善行を積んでいるのです」

ブータンでは、基本的に人のために祈ることが多いそうです。特に50代以上の人は、知らない人のために祈ったり、生けとし生けるすべての生命のために祈ったりします。今の幸せを感じつつ、来世への準備として他人の幸せを願ったり、周りの命に対して祈ったりするのです。

前述したように、彼らの生活の中心には、チベット仏教の教え「輪廻転生」が深く根づいています。チベット仏教では、亡くなって49日経つとこの世界に生まれ変わると信じられています。人として生まれ変わったり、動物や昆虫に生まれ変わったり、ときには神様に生まれ変わったりします。だから赤の他人も、野犬も、蚊も、身近に亡くなった人やご先祖様の生まれ変わりかもしれないのです。

そんなベースがあるので、ブータンの人は、すべての生き物を大切にします。そして、他人のために祈ります。ブータンでは、命は永遠で対等であると考えるのです。

また、南米ケチュア族の村人のあり方にも影響されました。

ケチュア族は、インカ帝国の前の時代（５００年以上前）、プレインカ帝国の生活様式を維持しながら、アンデス山脈の中で暮らす部族です。

彼らは牛、鶏、アルパカ、犬、猫など様々な動物と一緒に暮らしています。さらに様々な植物、特に薬になる木や草を育てていて、人間、動物、植物が互いに育み合う大きなファミリーとして暮らしていました。

ケチュア族の族長が語ってくれました。生きる上で、いちばん大切なことは、「繋がりを意識すること」だと。人間、動物、植物、昆虫、菌もふくめ、すべては繋がっている。このサイクルの中で、人間が、繋がりを大切にしながら生きると全体に調和が生まれ、そこに住むすべての生き物が、より良く生きられると。

実際に彼らと、一緒に農作業を体験させてもらいました。牛を使って畑を耕したのですが、その牛が、まるで子猫のようにじゃれたり甘えたりするのです。人間から大切に扱われていると動物も繋がりが深くなり、家族同然になっていくのでしょう。

日本も昔は、さまざまな命と関わりながら暮らしていました。それが近代化とともに繋がりが薄くなってきて、祈りも、自分だけ、家族だけに限定されることが多くなりました。

この世界には、生けとし生ける物すべてに想いを送りながら生きる人々がいます。

彼らの生き方を見せてもらってから、お寺や神社では、

「すべての命に喜びが増えますように」

と願うようになっていました。

命との繋がりを感じ、再び紡ぎたいと思う心が、先住民族の人々と触れることによって育っていったのです。

幸せに生きる秘訣は、「繋がりを意識すること」。

パートナー、両親、家族、友人知人、周りの人々、動物、昆虫、そして、植物。地球に暮らす命との繋がり。僕たちの文明が大切にすべきことです。

「幸せの秘訣は、植物や地球との対話」

両極端なものを見ることができたら、その比較によって、面白いことに気づくことがあります。

たとえば、赤道直下と北極圏。

赤道は、太陽が燦々と降り注ぎ、年中暑い世界です。雨もたくさん降り、さまざまな植物が育ちます。その中でも、南米アマゾンは、５５０万平方㎞の大きさがあり、大小様々な植物の宝庫です。そこに育つ木々は根っこで複雑に繋がりながら南米大陸を覆います。まるで緑の超巨大生物です。そのジャングルの中に降り立つと、不思議な感覚になります。まるで、木々が「こそこそ」喋っているように感じられるのです。

一方の北極圏の大地には、まったく木が生えません。北極圏は冬の間、太陽の沈む時間が長すぎて、木が育つには太陽の力が弱すぎるのです。北極圏の大地は、冬の間、完全に氷に閉ざされます。そして、夏になると氷が溶けて大地が姿を表します。広がるのは、岩、砂、そして、わずなにコケ類です。

その夏の北極圏の大地に立って感じられたのは、不思議な静かな音。地球の音です。命が発するザワザワしたものがなくて、なにか、地球が発している音が聞こえてくるような感じがしたのです。

もちろん、アマゾンの森のささやきも、北極圏の地球の奏でる音も、僕の中のイメージです。実際の音が聞こえたわけではなく、そう感じられたというもの。緑の王国と岩と氷の世界の比較から現実以上にリアルに感じられた感覚でした。

この体験以降、僕は、森や神社の巨木に出会うと触れたくなります。

そして、何を語ってるんだろうと、幹に手を当てながら聞き耳を立てるのが習慣になりました。

地球の音に関しては、朝の瞑想のときに思い出すようにしています。

静かに心を鎮めて、あの時聞こえたように感じた、地球の音に意識を合わせます。

すると知らない間に一段深いレベルに引き込まれていきます。僕のちょっとした瞑想テクニックです。

植物や地球のささやきを感じる。木に触れたり、大地に触れたとき、想像力を使って、話をしてみてください。慣れてくると、木によって話すことが違うと思えたり、場所によって、違う感覚になることを体感するでしょう。

遊び感覚で、トライしてみてください。意識が広がると共に、幸せを感じる感性が広がることでしょう。

ミニワーク

植物に触れてみる

あなたの近くにいる、植物に触れてみましょう。鉢植えの緑でも、道端の草花でも結構です。それらが、話すとしたら何を語ってくれますか？それは、小さな声ですか。大きな声でしょうか。

次に近くにある木に触れてみてください。

木が話すとしたら、草花とは違ったことを語ってくれるかもしれません。それは、いったいどんなことでしょう？　草花よりもしっかりした内容でしょうか？　テンポはどうですか？

あなたの想像力を広げて、身近な緑（草花や木々）に繋がってみてください。

彼らは、その場所で、太陽、雨、土の恩恵を受けています。産まれてから、一度もそこから動かずに。

僕たちとは、だいぶ違った観点から生きているかもしれません。

緑の近くにいる時、緑はあなたの呼気に含まれる気体を体内に入れています。

そして、あなたに必要な気体を体外に放出してくれています。

普段はあまり気がつかないけれども、僕たちと緑は、ものすごく深く繋がっているのです。

世界を回って知った幸せな生き方　その6

「幸せの秘訣は、思い込みを捨てる」

世界を巡ると、それまで持っていたイメージが、根底から覆されることがあります。

アマゾンの先住民に会う前、僕は先住民に、あるイメージを持っていました。それは、先住民は、とても野性的で、激しく怒りの感情を表し、槍で脅し、恐ろしい声をあげたりするんじゃないかというものでした。

でも、実際の彼らは、とても穏やかで、論理思考ができ、深い洞察力と、豊かな感情表現も持つ人々だったのです。さらに、彼らは、ジャングルで生きるためのさまざまな叡智を持ち、私達がまったく及ばないぐらい、精神的に深い部分と繋がる技術を持つ人々だったのです。

アマゾン川のピラニアもそうです。それまで持っていたピラニアの印象は、アマゾン川に入ると、獰猛なピラニアに襲われて、骨になるまで噛みつかれてしまう、というものでした。

でも実際に、アマゾン川で泳いでみると、ピラニアが僕たちを襲うことはなく、骨にされることはなかったのです。

ピラニアは、本来、臆病な魚で、自分よりも大きな獲物に向かうことはありません。まれに水たまりに取り残され、飢餓状態になったピラニアが、自分よりも大きなものを襲うことがあるそうですが、アマゾン川の中だと、食べ物が豊富にあるので、わざわざ危険を犯して人を襲うようなことはしないそうです。

ネパールのカトマンズもそうです。カトマンズは、エベレスト登山の玄関口。映画では、幻想的な街として描かれることが多いと思います。でも、実際に行ってみると、たくさんの人と車で、ごった返しています。そして、なにより大気汚染がひどかったのです。チリとホコリで、街を歩くときはマスクなしでは、いられませんでした。

どれも作られたイメージでした。どこからもらったのでしょうか？　きっと、その多くは、テレビや映画からでしょう。

僕たちの文明では、膨大な情報を日々受け取ります。知らない間に、間違った先入観や思い込みを記憶していきます。

テレビや映画は、多くの場合、脚色されています。ときに事実とまったく違うイメージで描かれたりすることがあります。スポンサーの影響だったり、製作者の意図だったりします。それを見て、僕たちは知らない間に現実とかけ離れたイメージを持ってしまいます。

そんな背景を持つ、僕たちの文明では、先入観を疑う必要があります。真実を見ようとするクリアーな目が必要なのです。

あなたが苦手だと感じているものは、もしかしたら、間違った先入観から、歪んで見えているだけなのかもしれません。本当は、あなたが思わないような面を持ち合わせているかもしれないのです。

幸せの秘訣は、ものごとを決めつけないこと。

多面的に見ようとする気持ちを持つことです。

誰もが、思ったのと違う面を持っています。

ピラニアのように、獰猛な容姿をしていても、本当は臆病だったりするのです。

ミニワーク

あなたの嫌いなもの

あなたの嫌いなものは、何ですか？　それに対して、どんなイメージを持っていますか？

それでは、それをまったく違う角度から見てみましょう。後ろから見てみたり、横から見てみたり。あるいは、それ自身に自分がなっていると想像してみたり。それに対して知らなかったことを検索するのも良いでしょう。ものごとを一方的な方向で見るのではなく、多面的に見るトレーニングです。様々な角度から、あなたの嫌いなものを、考察してください。

嫌いなものの中に、新しい発見があると思います。

次に、人物でも、それを試してみましょう。

あなたの嫌いな人を思い浮かべてください。

その人のことを、いままでとは違った角度で見てみます。あなたが想っているのとは、まったく違った面を持っているはずです。

ものでやるよりも、難しいかもしれませんが、見つけてみてください。

世界を回って知った幸せな生き方　その7
「幸せの秘訣は、左手の先にある」

インドを巡っていた時、トイレの中にゴミ箱が用意されていました。お尻を拭いた紙を入れるゴミ箱です。日本では普通に、トイレに紙を流しますが、多くの国では、紙を流すと詰まってしまうことが多いのです。そこで、拭いた紙を捨てるゴミ箱が設置されていたりします。そもそも、紙でお尻を拭くという習慣がないということもあります。ですから、僕たちがトイレに行くときは、トイレットペーパー持参ということになります。さらにインドの田舎に行くと、ゴミ箱すらなくなって、小さな水桶と便を流す穴があるだけみたいなトイレになります。

紙を使わずに、どうやってトイレをするのでしょう？

左手が活躍します。

水桶に水を汲み、それを左手で受けて、お尻を水で洗います。左手で直接お尻を吹いて、水桶に残った水で、左手をきれいにしたら完了。濡れたままの状態でパンツを履いて、あとは自然乾燥です。

この方式を僕はヒマラヤを、歩いているときに体験しました。

ヒマラヤのネパール山中にもインド式（穴と水桶だけ）のトイレが多々あります。アンナプルナの麓、標高３５００ｍぐらいのところでした。お腹が痛くなって、そこにあるのは山小屋の穴と水桶だけがあるタイプのトイレ。いい機会だからインド式トイレ法を、やってみようと思ったのです。

お尻の吹き方や、細かな動作をネパール人ガイドに再確認して、いざ実践。教わった方法で左手を使っての初のインド式トイレ法です。

ズボンを濡らしそうになるなど、とても苦労しましたが、どうにかこうにか、やり終えました。

この排泄を、左手をつかって水で洗うという体験から得たことは、とても印象的でした。ちょっと変ですが、なんとも不思議な安心感を得たのです。これで世界のどこに行ってもトイレの心配をしないですむという安心感です。

それと同時に、自分の内側からむくむくと湧いてくる生命力を感じました。生きていることを感じたのです。

僕たちは、食べたものを内臓器官を使って、身体に吸収します。そして、全身の細胞に栄養として送り、役目を終えたものを排出します。それまで、僕の命を支えてくれていたもの。この排泄されたものによって、生かされていたのです。

左手の先にあるもの。尊くて有り難いものでした。ヒマラヤの8000m級の山々に、抱かれながら排泄に感謝したのです。

みなさんは、この感覚を味わうために、わざわざ左手を使う必要はありません。日々のトイレで想像力を使って、食べ物の循環を感じてみてください。

幸せの秘訣は、左手の先にあるものに感謝する。

そんなところにもありました。

「幸せの秘訣は、満ちた存在として生きること」

僕たちはアマゾンの先住民から「足りない」という価値観の中で生きている不思議な人々と見られています。たくさん有り余るほど持っているのに、欠乏感を持ちながら生きている、そんな風に僕たちは見えるそうです。

さらに、いまのままでは十分でない「足りない存在」であると感じているとも。

どうして僕たちは「足りない」と感じてしまうのでしょう?

記憶の中にある「足りない」って感じたことを、思い出してみました。

それは、生まれて初めての運動会。幼稚園での徒競走です。まだ上手に走れなくてビリになってしまいました。走っているとき、僕は、それに関して何とも思っていませんでした。でも家に帰って、両親に言われたのです。

「ビリになっているのを見て恥ずかしかった」

僕はその言葉にショックを受けました。この瞬間から、僕の中で「足りない」というストーリーが始まりました。

「僕は足りない存在で、今のままではいけない。頑張らないと両親に恥ずかしい思いをさせる」って。

僕たちの文明では、ややもすると「人よりも優秀であること」が求められます。他の人と比べて、上手にできること、クラスで一番になることが褒められることだったりします。でも、ほとんどの子どもは、一番になれません。一番になれないたびに、「自分は足りない存在」とどこかで思ってしまいます。もし一番になったとしても、それを維持するのは大変です。もっと努力して成果を出さなければと思うのです。

では、もしアチュアル族のように「足りている存在」として、生きてみると、どんな風に人生が変わるでしょうか？　僕たちの文化で、そう思うことは機能するのでしょうか？

実験してみました。方法は単純です。一日に何度も、自分自身が「満ち足りた存在だ」って唱えて、その度に、そうなっている充実感を感じるというものです。

最初、なかなかそうは思えないことが多かったのですが、競争してビリになっても「満ち足りている存在」として。誰かに批判されたとしても「満ち足りた存在」として。なにかを目指して達成できなかったとしても「満ち足りた存在」として。ただ呼吸しているだけで「満ち足りた存在」として生きてみました。

しばらく、そのように過ごしてみて、わかってきたことがありました。

それは、どれほど自分自身のことを「足りない存在」であると、強く確信して生きてきたかということです。そして、人生で苦悩を感じたとき、そこに必ずあったのが、「自分は足りない」という判断でした。誰かと比べて、自分はできていない。誰かと比べて、自分は足りないという、自己批判が心を引き裂いていたのです。

みなさんも自分自身を**「自分は足りている」「自分は満ちた存在である」**としてみましょう。数回、この言葉を唱えてみて、どんな感情が浮き上がってくるか、試してください。

最初は、「そんなことない」「あれができなかった」「これができなかった」「そんな考えを受け入れたら成長しない」って出てくるかもしれません。それも、受け入れながら、静かにまた唱えてみてください。

ジャングルで、ほとんど何も持たないで暮らしてるアチュアル族。その彼らが、「満ちた存在」として生きています。そのような意識を持った人々が、この地球の上に暮らしていて、何千年も生きてきました。

僕たちも、彼らのように「満ちた存在」だって想いながら生きてよいと思いませんか？

「幸せの秘訣は、もっともっとから卒業する」

アマゾンの人々から見て、僕たちには、もう一つ不思議なことがあります。

僕たちは、「もっともっと」と際限なくものを欲しがるというのです。

確かに、僕は服を収納しきれないほど持っています。彼らは、今着ている服に、乾かしている数枚のTシャツしか持っていません。

もともと、宣教師が入る1970年代より以前は、アチュアル族は裸で暮らしていました。高温多湿のジャングルの中では、そのほうが良かったのです。服を着始めてから、皮膚病になる人が増えました。化繊の服は、ジャングルには向いていないのです。

僕は、服を買うときに、「本当にこれは要るのか？」って考えるようになりました。食べ物も同じです。以前は、食べきれないほど頼んでいました。それでいて、太ることを気にしたりもしていました。

ジャングルの人々は、週に二回の狩りと芋スープのチチャだけです。北極圏で暮らす、イヌイットも質素な食事です。ヒマラヤの麓で暮らす人々も。そんな人々に触れて、僕の食に関する観念も変化していきました。普段は、おにぎり、お味噌、佃煮で十分だって。ご先祖様が、あたりまえに生活していた様式。それで、十分だって。

服と食事の観念が変化しだすと、行動様式や持ち物も変わってきます。生活は歩くことを中心に考えるようになっていたので、カバンも、できるだけ軽く身体に添う小さなものへ。持ち物は必要最小限になります。

こうして暮らしていると、いま持っているものだけで十分だって思いやすくなります。とは言え、ショッピングモールに行くと、ついものを買ってしまう自分もいます。

それは、どうしてでしょう？

僕たちの文明は、まだしばらく大量生産、大量消費の社会システムが続いていくでしょう。国も企業も、お金を使うことは、経済を循環させることで良いことだ、気持ちの良いことだと教えているからです。

その一方で、「もっともっと」を手放して、身軽な気持ちよさを、知る人も増えてきました。いま、時代は分岐点。アチュアル族のように数枚の衣類ですますことはできませんが、**少なくすることを楽しめる感性**を磨きたいものです。

第6章

世界を回って
気がついた
幸せな社会

この章では、世界を回って気がついた社会的な面に関して見ていきましょう。社会システムが、個人の幸せに大きく影響します。いったいどんな社会の仕組みが、人々に幸福感を与えるのでしょうか?

世界の様々な事例を見ながら、まとめていきましょう。

世界を回って知った幸せな社会　その1

「幸せの秘訣は、職業選択の自由と小さな喜びにある」

旅では両極端を見ると、気づきが得られます。

また、近隣で、同じような条件なのに、一部だけ違うという差を観察することで、気づきを深めることもできます。

たとえば、グリーンランドとカナダ北東部のバフィン島に行ったときのことです。グリーンランド西岸とカナダのバフィン島は、バフィン湾やデービス海峡を隔ててお隣同士。

グリーンランドは、世界最大の島で、日本の6倍の大きさがあります。主に南西海岸に人が住んでいて国土のほとんどが永久凍土に包まれた島です。

その対岸のカナダのバフィン島は、日本の1・3倍の大きさです。

グリーンランドにもバフィン島にも、同じ言語を話すイヌイットの人々が暮らしています。顔立ちも同じ。

ちなみに、イヌイットの人々も日本人と間違えるような顔立ちをしている人が多いのです。

そして、ずっと下って南米アマゾンの森の中に住むアチュアル族も、日本人と同じような顔立ちをしていました。さらに、ヒマラヤ近くに住むブータン人も、日本人と同じ顔立ちです。

長い長い年月をかけて、遠い太古のご先祖様たちは、アジアから北極圏を越え、北米大陸、南米大陸へと渡っていったのでしょう。数千年、あるいは数万年前に遡ると僕たちは親戚だったのかもしれません。壮大な年月と距離を越えたお話です。

さて、グリーンランドとバフィン島のお話に戻ります。

グリーンランドもバフィン島も北極圏。極寒のツンドラ気候です。どちらもいくつかの村を訪ねました。

カナダ側の人々はもの静かで、村全体が寂れた感じがしました。彼らは、それまでアザラシ猟を行って、アザラシの毛皮を売ってお金を得ていましたが、世界の毛皮マーケットが縮小し、毛皮が売れなくなってしまいました。フェイクファーを使う服飾メーカーが増えたからです。彼らのアイデンティティーともいえるアザラシ猟（ハンティング）が廃れてしまい、いまは政府から支給される補助金や、鉱石採掘で生活している人が増えています。

一方のグリーンランド側は、活気がありました。家々は北欧風にカラーリングされています。青、ピンク、赤、黄色。まるでお花畑のようです。漁港も賑わっていて、北極海の豊かな海で捕れた魚を世界中に輸出していますす。クジラやイルカも市場で売られていました。

海峡を隔てた、2つのコントラストは、どうしたことでしょう？

同じＤＮＡ、同じ言語。明暗を分ける差は？

様々な要因がありますが、そのひとつには、グリーンランドが、デンマークの政策に準じているということがあげられます。グリーンランドは高度な自治権を持っていますが、デンマーク領です。そして、デンマーク本国と同じ政策を施しています。高い税金を課すけれども福祉を充実させるという方策です。

「ゆりかごから墓場まで」生きていく上で必要なことは、政府が無料で負担したりサポートしてくれるのです。これは、子を持つ親にとって嬉しいことです。

実際に、グリーンランドの街を、ガイドしてくれた人も二児のママでした。子育てをしながら、犬ぞりレースの選手をやり、いまの子育てが終わったら新しい職に就くことを、楽しそうに語ってくれていました。

グリーンランド（デンマーク）では、転職は比較的容易で、なりたいと思う職業に関して無料で学ぶことができるのです。この職業選択の自由度が大きいというのは、幸福な暮らしをおくる上で重要なファクターになります。さらに、祖先が培ってきた伝統を受け継ぎ、アイデンティティーを楽しむことは生きる上での活力になり、生きる軸がしっかりします。

グリーンランドでは、犬ぞりレースが盛んでした。昔は、ハンティングのために犬ぞりを使っていましたが、いまは、スノーモービルに変わっています。そこで民族のアイデンティティーを残すために、犬ぞりレースを行っているのでしょう。村には頑強な犬が、たくさん飼われていました。整備されたそりも、いろいろなところに置いてありました。

日本でも活力のある村には、独特のお祭りがあります。先祖から代々受け継いだ流れを思い出す機会になります。

また、芸術家が元気なことも、幸せな村つくりに欠かせないものです。人の生活の豊かさには、いかに文化を楽しめるか?ということが必要だからです。

グリーンランドの村で出会った芸術家は、クジラの骨を使って美しいオブジェを創っていました。共同でアトリエを運営し、他の芸術家と協力しながら作品を提供していました。

このような感じで、探求の旅を続けるうちに、比較考察するようになりました。

僕の中で新しい切り口が増えていったのです。

世界を回って気がついた幸せな社会　その2

「基本的な生活が保障されている世界」

僕は、20代30代の多くの時間を、オーストラリアで過ごしました。

そのオーストラリアに、キースという友人がいました。

最初に出会ったとき、彼は日本人向けのバスドライバーでした。ところが、あるとき、お酒のトラブルがもとで運転免許を失い、会社をクビになってしまったのです。

それからの彼は、10年以上、仕事につかないまま失業保険で暮らしていました。

10年以上の失業保険生活。驚いたことにオーストラリアでは、失業保険の給付には期間的な制限がなく、仕事が見つからない間はずっと失業保険をもらうことができるのです。

日本の失業保険の給付は、1年未満ですから、オーストラリアとは大きく異なります。

キースは、その自由な時間を使って裏庭でアヒルを育て、アヒルが生んだ卵を近所の人に配ったり、近くの海で取れるロックロブスターを捕まえては、バーベキューをしている人に振る舞ったりして、ある意味、優雅で豊かな人生を送っていたのです。

日本には、「働かざる者食うべからず」みたいな観念があり、失業保険をもらっている身で、遊んでいるかのように暮らしているのは、罪悪感が出てきそうです。あるいは、周りの人から後ろ指をさされるかもしれません。

でも、キースは、悪びれることもなく、失業生活を楽しんでいました。また、周りの人は、失業中であることでキースを蔑むようなことはせず、彼のおおらかな人柄を好んでいたのです。

オーストラリアのように、その人が復職できるまで無期限に失業保険が出たり、グリーンランドのように転職するための学校が無料でサポートされたりする国は、安心して暮らしていくことができます。

そして、そのような国で暮らしている人は、人生に対する信頼感を持ちやすく、自由度や幸福度が高いことが特徴です。

国連が2012年から毎年発表している、国別の世界幸福度ランキングでも、オーストラリアやデンマーク（グリーンランド）は、常に上位です。

どのような状態になっても、基本的な生活が保障されている安心感。

それがあると、人は自由にチャレンジできたり、逆に何もしないという選択肢も取ることができるようになります。

世界を回って気がついた幸せな社会　その3

「公平に分配される世界」

人が次のレベルで生きるのに社会的に大切なことの3つ目は、「公平に分配する」です。

南米のアチュアル族の食事は、女性が作る「チチャ」と、週に二回、男性がジャングルで狩ってくる獲物です。

「チチャ」も「獲物」も「魚」も、みんなにシェアされます。別け隔てなく、公平に分けられるのです。狩りで獲物を獲たハンターが多めに取るということも、村長がひとりじめというこどもありません。

狩りに参加しなかった人も、同じだけの分け前にありつけるのです。

なぜ公平でいられるのでしょう？

それは、彼らが、森に入れば必要なものはいつでも手に入ると思っているからです。彼らは、森のことを「無料のスーパーマーケット」だと言います。

もしも、森に彼らの得たいものが少なく、常に飢えていたとしたら、均等に分配されるということもないでしょう。でも、何千年も森は彼らに途切れない豊かさを与えていたのです。必要なものが、いつでも手に入る、そのような満たされた状態だからこそ培われてきた分配方法なのです。

いま、私達の世界はどうなっているでしょう?

スーパーマーケットには、みんなが十分に食べられるだけの食料があります。でも、どんなにお腹を減らしていたとしても、ちゃんとお金を払わないと食料を得ることができません。そこにたくさんあるのに。もしかしたら、余って捨ててしまうかもしれないのに。

もし、僕たちの世界もアチュアル族が暮らす世界のように、お金がない世界だったとしたら? みんなが必要なだけ、スーパーマーケットで今日欲しい食料を自由に持って帰れたとしたら？

20世紀の未来学者であるバックミンスター・フラーが、こんなことを言っていました。
「1970年代、地球上で生産される食料は、全地球の人類が必要な量を超えた。あとは、地球上で生産される食料を、どのように分配できるかだけだ。
でも、その意識が育つまで50年は、かかるだろう」

その未来学者は、2020年代に、地球上の食料（飢餓）問題は解決されるだろうと予測していました。

いま、地球上の穀物総生産は、世界中の人々が生きていくのに必要なおよそ2倍の量に達しています。もし、僕たちが、アチュアル族のように公平に分配することができたとしたら、一瞬にしてこの地球は、豊かさで満ちた惑星になるでしょう。

誰ひとり飢えることがない、太陽と地球の恵みによって育まれる、豊かな食料を地球に暮らす全員で分け合っている、地球に住む全員が家族のような姿です。

そうなると、無駄な紛争や暴力が激減するでしょう。誰も生きるうえで心配することがない地球です。
この惑星で、食べきれないだけの食料を、僕たちは、すでに生産できています。意識の変化で、すぐに世界中の人が飢えることがない世界が手に入るのです。アチュアル族のように、みんなで分けあって食べようと思うのか。自分だけ食べようと思うのか。

私達の文明は、テクノロジーを効率よく発展させて穀物生産量を飛躍的にアップさせました。また、地球の裏側で育ったリンゴやバナナやアボカドを、近くのスーパーマーケットで簡単に買えるようになりました。(反対に地球の裏側のスーパーマーケットでもお醤油やお味噌を手に入れることができます) 食料輸送に関しても、僕たちの文明は十分に発達させてきたのです。

あとは、何が必要なのでしょうか?

もう準備ができました。コンドルとイーグルがともに同じ空を飛ぶ世界。融合点は、地球で出来る豊かな食料を地球上に暮らすすべての人と分かち合うという方向性です。
誰一人この惑星で食べることを心配する人がいない、そんな世界です。

世界を回って気がついた幸せな社会　その4

「日本なら可能かもしれないあり方」

全世界で、食料を公平に分配するには、まだ少し時間がかかるでしょう。

でも、日本ではどうでしょう?

島国で、同一民族の割合が人口の大多数を占める日本。その地理的条件を考えると、食べることに関して、生涯心配しないですむという世界を創るのは、可能かもしれません。

たとえば、政府や地方自治体が、ミールクーポンのようなものを作り、国民全員が基本的な食事を取るだけのものは、そのクーポンを使うと得られるという仕組みはどうでしょう。

あるいは、最低限の食事代がまかなえるような金額。たとえば月にひとり○万円程度の給付金を国民全員に無条件に付与するというユニバーサルベーシックインカム型の制度を導入するという方法もあります。

または、日本のどこにでもあるような外食チェーン店の一部、ファーストフード店の一部を政府が買い取り、そこで提供される料理は無料にして食べたいときに食べられるとか。

年間〇〇万円までの食料品に関する買い物は、あとで払い戻される制度であるとか。色々考えられます。

この中で、いちばん可能性があり様々な波及効果が望めそうなのが、国民すべてにお金を給付する、ユニバーサルベーシックインカムという考え方でしょう。

スイスでユニバーサルベーシックインカム導入の是非を問う国民投票にまで持っていったニノ・シュミットさん。彼から教わったのは、ユニバーサルベーシックインカムは、収入が高い人も低い人も、仕事がある人もない人も、年齢が高い人も低い人も、無条件で、すべての人にお金が給付されるということが大切なポイントだと言います。

無条件ですべての人がもらえる、ユニバーサルベーシックインカムの本当の意味は、一人ひとりに、この世界に生まれてきてくれて「ありがとう」という感謝とともに給付される報奨金なんだということです。

確かに、僕たちは、誰一人として、お願いしてこの地に生まれてきたわけではありません。

気がついたら、この世界にいて、知らない間に、自分より以前に生まれた人々が創ったルールに従って生きることを余儀なくされた、そんな存在です。

でも、そろそろ、誰かが過去に定めたルールに合わせて生きることから、本当に大切に思うことを中心に生き、自由に生きられるような、そんな世界を創ってもよいのではないでしょうか。

それには、食べることや生きること、生存していくことに関してなんの心配もしなくてよい、そんな環境を創っていくことが大切です。

そして、それが、コンドルとイーグルが交わる人類の次の世界の形です。
一人ひとりが自由に羽ばたく世界なのです。

世界を回って気がついた幸せな社会　その5

「大きなシフトを見据えて生きる」

２０２０年代から２０３０年代にかけて、第４次産業革命と呼ばれる大きな産業改革が本格化するでしょう。ＡＩが様々な産業に導入され、ロボット工学・ナノテクノロジー・自動運転技術・３Ｄプリンター・ブロックチェーンなど多岐にわたる分野で技術革新が行われます。いままでと比べ物にならないくらい、効率よく社会が動くようになります。

ロボットが、人間にとって創造的でない仕事を肩代わりしてくれます。違う言い方をすると、人類が労働から解放される時代がくるということです。ただ、それに伴い、大幅な産業シフトが起こり、一時的に大量の失業者が出るかもしれないと懸念されています。

そのような変化に対して僕が見てきた国々では、どのような対応が可能でしょうか。

たとえば、オーストラリアは、期間が無制限の手厚い失業保険制度があります。広大な国土で地下資源が豊富。多少の混乱はあっても比較的スムーズに対応していくのではないでしょうか。

グリーンランドや北欧は、転職に関して充実したサービスが受けられます。国民の政府への信頼も厚く迅速な政府の対応が期待できるので、第4次産業革命後の恩恵をいち早く受け取る国々だと思います。

ブータンでは、国民の多くが農業に従事しています。そして、それをお互いに与えあっているので、その変化に動じることはないでしょう。今まで通り、伝統的な文化を守りながら、できるだけゆっくり最新テクノロジーを導入していくという姿勢は崩れないと思います。

インドは、アドハーという指紋・虹彩・顔の認証を登録するシステムを導入しました。国民総背番号制で、国民一人ひとりに給付金を即座に出せる仕組みです。いざとなったら、大胆な低所得者対策や、ユニバーサルベーシックインカムも、すぐに始められる準備が整っています。また、人口分布で若い世代の割合が多く新しい産業が発展しやすい人口構成です。南インドでのIT産業の発展が見込めるのが大きいでしょう。

そして、日本。

日本は、この変化に、どう対応していくのでしょうか?

僕は、日本は、幸せに移行していくポテンシャルがあると思います。たとえば、インドのアドハー（国民総背番号制）、13億人分の登録を支えたのは、日本の企業が開発した生体認証技術です。

ということは、日本のマイナンバー制度に付加して生体認証技術を利用するということも、その気になれば、すぐに導入できるということです。

また、２０２０年に始まった、新型コロナウイルスのパンデミック。

そこで日本政府は、国民一人ひとりに10万円の給付金を提供しました。もしこのような給付を、毎月のように継続したとしたら？（金額や財源はさておき）それはもうユニバーサルベーシックインカムです。

すぐに制度導入とはならないと思いますが、一度前例が出来たことはやりやすいのが日本。パンデミックという緊急事態に背中を押され、結果的に第４次産業革命による失業問題への準備は整いつつあると思います。


日本でのユニバーサルベーシックインカムの導入は、とてもハードルが高いことだと思っていました。でも、新型コロナウイルスのパンデミックが、すべての人にお金を給付するという考え方を、真剣に論議するきっかけを与えてくれたのです。

新型コロナウイルスが大きな契機になってシフトが起こり、第４次産業革命に移行していく。そんな人類のシナリオがありそうです。

「幸せな社会の秘訣は、緑と繋がる意識」

南米アマゾンのアチュアル族も、北極圏のイヌイットも、ヒマラヤのブータンの人々も生き物に優しく接しています。自然というものがどのようなものかをよく知っていて、周りの生き物とともに何百年、何千年と変わらずに生きてきたからです。

一方、テクノロジーと思考を選んだ僕たちの文明では、動物や植物を資源としか考えない傾向がありました。自然のバランスを無視して、自分たちが必要だと思う動植物の育成だけに関心を向けてきました。

選んだ動植物が育成しやすいように環境に手を加えたり、土壌を変えたり、育成に不必要な昆虫や菌を駆除したりします。そして、そのような偏った行為が、とうとう地球全体のバランスに影響するまでになってきました。

夏の北極圏の氷が減少したり、南米アマゾンのジャングルが全体の2割近くを喪失してしまったりしました。

でも、ここに来て、ようやく私達の文明でも自然のバランスを保ちながら動物を育成したり野菜を育てたりするほうが良いと思う人々が増えてきました。

その要因として、インターネットの進歩が関係しています。いまでは、極地や南米アマゾンの様子をリアルタイムに見ることができます。

また、地球のあらゆる場所に暮らす人と、直接、話すことができるようになりました。近い将来、言語の壁も越えるでしょう。

英語、中国語、スペイン語、ヒンドゥー語、日本語――それぞれの現地の言葉で意思疎通ができるようになって、細かな現状まで聞けることでしょう。

さらに、僕のように、自然、文化、歴史に興味があり伝統的な文化や先住民族の知恵に実際に触れてみたいと思う人も増えると思います。そのような人々は、現地で自然と共存する叡智に触れ、それを、自分の身近な場所でも再現したいと願います。

僕もジャングルの緑に触れてからは、菜園を作り、野菜や果物を育てたりして、緑に触れる機会が増えました。自分の中の意識変化が（ほんの小さな範囲ですが）周りの環境に影響することを身を持って体験したのです。

太陽の恵みで野菜や果物が育ち、緑が育つ。鳥が訪れ、蝶が羽ばたき、ミミズが地面を耕す。

人が意識を向ければ、自然はすぐに反応してくれます。

アンデスのケチュア族の族長が言ってくれたのは、

「繋がるという意識が大切だ」。


私達の文明では、これから「緑」に繋がるという意識を育てることが大切です。

地球の環境を整える鍵は、さまざまありますが、その最大のものは、光合成です。緑がなければ、二酸化炭素を少なくすることはできないのですから。

コンドルとイーグルの融合点へは、**緑に繋がる**という意識が必要不可欠なのです。

「労働がなくなる世界」

前項では、第4次産業革命を経て、人類が「労働」から解放されるときが近い将来に来ると書きました。それは、いったいどんな世界なのでしょうか。

生きるための基本的な食事や製品が、無料あるいは安価で手に入る世界。

生きるということに関してまったく心配がない世界です。ＡＩやロボットが、様々な製品を創り出し、人は、それを受け取るだけで過ごしていける世界なのです。

アチュアル族は、

「森は、無料のスーパーマーケットです」

と語ってくれました。


それと同じように、第4次産業革命を経たあとの僕たちは、

「スーパーマーケットは基本無料です」

と言っているかもしれません。

そうすると、食べるために仕事をするということがなくなります。労働に使っていた時間を僕たちは、自由に使えるようになるのです。好きなことに打ち込む人、地球環境を良くするのに使う人、ユニークな物語を書く人、奇想天外な冒険をする人、そして、人類が豊かになる発明をする人。

自分が一番やり甲斐があって、自分や他の人にとって良いと思われることをやるでしょう。人は、いまよりバラエティーに富んだ存在になり、それがまた、人類全体を発展させることになります。

人類が思い思いの創造性を発揮する世界。好きなことができて、食べることの心配をしなくてよい、幸せな人々が増える世界です。

そんな世界では、人は他人に対して寛容になり、紛争やもめごとも減っていくでしょう。コンドルとイーグルの融合点を超えた人類は、大地と繋がりつつ、様々な生き物と共存共栄していることでしょう。そして、「無料のスーパーマーケット」が展開され、幸せに生きていきます。

でも、そこにたどり着くまで、失業率が急激に上がったり、世界経済が大きなダメージを受けたり、地球環境の異変があるかもしれません。もうだめだと思うことが多々あるかもしれません。それでも、忘れちゃいけないのは、地球は、緑が一杯で、海には魚が住んでいて、命を育んでくれる太陽が輝いています。宇宙全体から見ても特異な恵まれた環境にあるということです。

アチュアル族のように、僕たちも助け合い、分かち合うことができたなら、産業革命の移行期に起こる大混乱もまるで遊園地のアトラクションを体験するように、楽しみながら過ごせるでしょう。

混乱期の世界で大切なのは、周りの人と助け合うこと。
人と人との繋がりを大切にすること。
そして、人生はどんなときでも満ちているという信頼です。

世界を回って気がついた幸せな社会　その８

「災害準備だけは忘れない」

社会的な気づきの項目で、最後に注意しておくことを書きます。

それは、災害への備えです。

探求の旅をしていて、気象災害に関して考えるようになったのは、北極圏の海の状態を見てからです。

僕は、夏の北極圏を旅しました。北緯80度付近まで行ったのですが、北緯75度付近までは、海氷がなく広い海だったのです。そのことを、ＮＡＳＡの衛星写真を見て知ってはいましたが、実際に目の前に広がる氷のない北極海の海を見ると背筋が凍る思いでした。

２０５０年代になると北極点付近の海氷も夏の期間、溶けてしまう可能性があるといいます。北極圏が広くて大きな海になるのです。

白い海氷が広がっていると、太陽エネルギーの地球への吸収は10％ぐらいですみます。でも、黒い海が広がる部分は、80％以上の太陽エネルギーが地球（海）に吸収されてしまいます。

それによって蓄積される膨大な太陽エネルギーは、北半球の気候を荒いものにすると、同行していた科学者が教えてくれました。

超大型の台風、これまで体験しなかったような大雨、干ばつ、驚くような落雷や竜巻など様々な自然災害があります。

僕たちは、それらの災害に対する備えを忘れてはいけないようです。これから、毎年のように大きな気候変動を体験することを、ある程度覚悟しないといけません。

水や食料の備蓄、避難経路の確認など個人的に備えられることは多々あります。そして、なかでも大切なのは、災害に対する心の準備。怖がりすぎる必要はないと思いますが、**備えあれば憂いなし**です。

ミニワーク

災害への備え

自分にできる災害への備えを考えてみましょう。

眠っているときに、大きな地震があると怖いものです。

まずは、寝室の家具の置き方を工夫してみましょう。転倒防止用のグッズを利用するのも手です。食料品の備蓄はどうですか？　お水、食料、生活必需品は、何日分持っているとあなたは安心できますか？

非常時に持ち出すバッグも備えておきましょう。そのバッグがあれば、数日間はサバイバルできるキットです。

さらに、家族で安否を確認できるように、避難場所への経路、落ち合う場所の確認をします。災害用伝言ダイヤル（局番なしの「171」）の利用を申し合わせておくことなども話しておきましょう。

お住まいになっている地域の特徴から、台風、地震、竜巻、雪害、水害、土砂崩れ、津波、火山など、何が起こりそうなのか想定しておきます。

僕たちは、生きている間に何度かは、災害に巻き込まれる可能性があります。

基本的なことは備えておいて、あとは心の準備もしておきましょう。

第7章

再び
南米アマゾンへ

北米大陸と南米大陸を繋ぐ

最初に南米エクアドルに行ったのが２０１６年。そして、２度目のエクアドルに行く機会が与えられたのは、３年後の２０１９年でした。

２０１６年とまったく同じルートで、アンデス山脈のケチュア族の村に滞在します。そこから、アマゾン流域に入り、アチュアル族の村に行くというルートです。

今回の旅は、僕を含めて12名の日本人です。その中でこれまでアマゾンに行ったことがあるのは、僕だけ。他のメンバーに、いろいろ現地で必要なもの、心構えなどのアドバイスができました。

ガイドは、前回と同じ、南米の多くのシャーマンと通じていて、アチュアル語を話すことができるエキスパート・ガイドのダニエル・クーパーマン。

彼がいるだけで安心です。

僕は、今回は新鮮味を求めて、アメリカのアリゾナ経由でエクアドルに入ることを計画しました。

南米のシャーマンに会う前に、北米大陸のネイティブアメリカンの聖地を訪ねて、北米の先住民族の文化も垣間見たいと思ったのです。

アメリカのアリゾナ州は、アメリカ本土で一番最後に州となったところです。砂漠とサボテンが広がる西部劇の舞台。ロケーションとしては、カリフォルニア州の隣で、合衆国で唯一4つの州が一点で交わる「フォーコーナーズ」と呼ばれる州境があることでも有名です。

この地で、はじめて西側の人々が先住民に接触したのは、1539年のこと。この地域には、当時、アパッチ族、ホピ族、ナバホ族など、さまざまな先住民が暮らしていました。現在でも、アリゾナ州は、カリフォルニア州についでネイティブ・アメリカンの数が二番目に多く28万人ほどの人々が暮らしています。ネイティブ・アメリカン系の総人口は、285万人といわれているので、その10%がアリゾナ州に住んでいることになります。

僕は、そのアリゾナ州セドナに向かいました。

セドナは、アリゾナ州の州都であるフェニックスから北に200㎞。人口1万人の街です。美しい渓谷があり、そこには、先住民の聖地があります。トレッキングロードが人気で、僕の目的は、その聖地を巡り歩くことです。

アンデス山脈からアマゾンに入る前に、心と身体の準備をしておきたいと思いました。そして、北米大陸の先住民と南米大陸の先住民を繋ぐ旅にしたかったのです。

ボルテックスの木々とネイティブアメリカンの儀式

セドナには、ボルテックスと呼ばれるパワースポットがあります。地面から、何かのエネルギーが出ているとされている場所です。有名なボルテックスは4つあり、4大ボルテックスと呼ばれています。

僕は、その一つひとつをトレッキングして回りました。

街から一番近くにあるのが、エアポート・メサと呼ばれる場所。文字通り小高いセドナの空港の周りにあります。面白いことに、木がパワースポットの周辺だけ、ぐるぐる渦を巻き

ながら育っています。他の場所に生えている同種の木は、枝が真っ直ぐに伸びていて、パワースポットに生えている木の枝だけが、渦を巻いています。植物には、エネルギーの流れがわかるみたいです。

他のパワースポットも巡っていきました。大きなベルの形をした「ベルロック」一番パワフルだと言われている「ボイントンキャニオン」そして、かなりきつい山登りになる「カセドラルロック」です。下手をして足を滑らせたら、命を落としそうなところでした。

それぞれ、整備されていて、美しいトレッキングロードです。独特の風景を堪能し、

ネイティブアメリカンの聖地にも行くことができ、アンデスやアマゾンのウォーミングアップに最適でした。

その後、ネイティブアメリカンの儀式スウェットロッジに参加しました。ドーム型の小屋の中で厚く焼いた石に水をかけサウナの状態にしながら、その中で瞑想する儀式です。真っ暗で、焼けた石だけが、うっすら赤く光りを放ちます。そこに、リードするシャーマンが水をかけて小屋の中を蒸し風呂状態に保ちます。ふんだんに汗をかかせて浄化します。

これを休憩を挟みながら、4回行います。最後に聖なるパイプが回ってきて、祈りの言葉を唱えて終了です。
スウェットロッジの儀式は、終わってからとても爽快な気分になります。頭と心が冴えわたる感じでした。

このセドナには、2週間滞在しました。毎日、5～6時間かけてボルテックスを巡り歩きました。セドナには、トレッキングコースが100コース以上設置されています。ガイドブックを片手に、あとはスマートフォンとお水を持ってGOです。迷うことはありません。どの場所でも、電波が届き、スマートフォンの地図で現在位置を正確に確認できました。一昔前なら、地図とにらめっこしながら、迷いながら歩いていたであろうコースです。

こうして心身ともに浄化されて、僕は南米に渡る準備ができました。
アンデスとアマゾンの民に再会です。

アンデスのケチュア族との再会

3年ぶりのエクアドル・キト空港。

僕たちは、3年前と同じルートで首都キトの街を観光し、アンデス山脈に住む、プレ・インカ帝国の末裔、500年前の生活を守るケチュア族に会いに行きます。サン・クレメンテ村です。

そこでは、3年前と変わりなく村長が出迎えてくれました。夜は村人達によるウェルカムパーティーです。3年前に当時4歳で伝統的な歌を歌ってくれた少女が、同じように歌ってくれました。もちろん、7歳に育っていて、3年前の歌っているときの写真があったので見せてあげると、恥ずかしがりながらも、喜んでその写真を見ていました。周りの村人も盛り上がっていました。素朴な姿に心が温かくなる瞬間です。

サン・クレメンテ村には2泊滞在し、彼らがいかに自然と繋がりながら生きているかを、村長みずからレクチャーしてくれました。

さらに、シャーマンを呼んでもらい、クレンジング（浄化）の儀式を受けます。村の外れ

にある、聖なる洞窟で、素っ裸になり受けます。僕は3年前に体験していたので、素っ裸で受けると聞いていても驚くことはありません。さっさと着ているものを脱いで始めてもらいました。

シャーマンがろうそくの炎を灯し、その形の変化でクレンジングがうまく行っているかどうか判断します。聖なる水と香りの強いオイルとお酒を使って儀式を勧めます。20分ぐらいお祈りをして、炎が整ってきたところで儀式は終了です。

僕は、セドナからの流れもあったので、順応が早く、スムーズに儀式も進みました。

こうして、熱帯雨林アマゾンに入る準備も整いました。いよいよジャングルです。

聖なる滝の儀式

前回と同じように、小型飛行機に乗ってアマゾンの奥地に向かいます。2時間ほどのフライトで現地に到着しました。

例によって、ジャングルの木を切り開いただけの野原に無事着陸して、荷物を村人に持ってもらいながら、手ぶらでジャングルを進みます。僕は、前回の経験から、トレッキング用の杖を持ってきました。熱帯雨林というだけあって、毎日雨が降り、ジャングルの中の道は、ぬかるみだらけです。気を抜くと、膝まで泥の中にはまり込んでしまいます。

このときに、重宝するのが杖でした。前回来たときは、アチュアル族のガイドが即席で作ってくれた木の杖を利用しました。今回は、文明の利器です。伸縮自在のトレッキング用ポール。軽くて、左右両手に杖を持つことができるので、背筋を真っ直ぐにしながらバランスを取りながら歩けます。疲労が段違いに軽くなりました。

さらに、前回も重宝したアイテム、ナノテクノロジーを利用した防虫ウエアも着用しています。

ジャングルの中は、蚊とのせめぎ合いです。常に30匹ぐらいの蚊がまとわり付いてきます。そのため、防虫服は必需品。昔は、プラスティック製の防虫ネットを着ていましたが、蒸し暑いのです。最新式の防虫服は、その点、涼しくて快適。ここでも、テクノロジーの勝利です。

こうして、途中、ボートも使って、ジャングルを進むこと半日。僕たちは、アチュアル族の村の外れにある、外部の者が宿泊するために作られたティンカスロッジに到着しました。ティンカスロッジは、3年前の記憶のまま、変わりない姿を見せてくれています。そこをベースに僕たちはジャングルを堪能します。毎日、緑をかき分けジャングルの中を歩き回っていました。

午前3時からの夢の儀式

ジャングル・ウォークを堪能した僕たちは、僕も行ったことがなかったシャーマンの村に招かれました。一人の初老のシャーマンと、その身内だけが暮らしています。川のほとりにある美しい小さな村でした。

その村に着いて早々に、僕たちは聖なる滝に連れて行かれました。

そこで、また儀式をするためです。さらなる浄化をするみたいです。

初老のシャーマンが、僕たちを先導して、森の中に入っていきます。その足の早いこと。まるで、空中を浮かんでいるように、ジャングルの中を歩いていきます。武道の達人みたいにです。僕は、必死で彼についていきました。みんなは、どんどん離されていきますが、それを待っている余裕はありませんでした。シャーマンの背中だけを目印に、ジャングルを歩いていきました。

かなりの間ジャングルを歩いたとき、いきなり広場に出てきました。そこで、水着に着替えて川に入ります。アマゾン川は、支流もふくめて泥で濁った川が多いのですが、その川は、ジャングルには珍しい清流でした。

川には、小さな滝がありました。そこで、儀式です。滝への入り方をシャーマンから教わります。作法にのっとり、僕は滝の背後にある岩につかまります。頭を打たないように気をつけながら、水をかき分けて滝の裏側に入っていきます。そこは、落ちてくる水と岩の間に

スペースがあり、ちょうど座りながら息をすることができました。
　滝の裏側は、別世界です。水のカーテンが目の前を落ちていきます。滝の向こう側の景色を水を通して見ることができます。滝の奏でる音が後ろの岩に反響します。シャーマンから、その場所で瞑想するように指示されていたので、僕は、心を落ち着けて、しばらくそこにいました。いろいろな雑念が溶けて流れていきます。
　頭が完全に空になったところで、僕は滝を出ました。

　滝の儀式のあとは、森の儀式です。そのまま滝からの帰り道、僕たちは、一人ひとり離されて、ジャングルの中にたった一人

でいるということを体験させられました。バナナの葉っぱを一枚渡され、ジャングルの好きな場所に一人で座ります。どれくらいの時間、座っているのか指示はありませんでした。

僕はジャングルの中で、適当な場所をみつけ、そこに座りました。時間が経過していきます。

しばらくすると巨大なアリ達が来ました。僕の周りを長い間、ウロウロしたあと去っていきました。

アリの次は、なにか動物らしきものが近くを通りました。音だけです。でも、気配ははっきりと感じました。向こうも、僕のことをわかっていたはずです。その気配は

離れていきました。
その次は、黒い蝶が飛んできました。さらに、少し離れたところで、何かが這いながら動いていく音が聞こえました。ヘビなら危険なので耳を澄まして身を守ります。それも去っていったようでした。
小さなクモ達も来ました。不思議な色をしたカエルも。
怖かったです。「なにか変な動物が来たらどうしよう」「タランチュラみたいな毒グモに刺されたら痛いんだろうな」「ここで毒ヘビに噛まれたらどうなるだろう」「あと、どれくらいここにいるんだ？」「本当に探しに来てくれるんだろうか？」……思考がグルグル巡ります。

僕は、しばらくその恐怖を感じてから、目を閉じました。
そして、僕は、考えるのを止めたのです。体感覚だけに集中していきました。
しばらくそのままでいると、心が落ち着いてきました。そして、周りにあるものが、まるで初めて出会うような新鮮な感覚をおぼえるようになったのです。

「鳥」、「緑」、「風」、「落ち葉」、「虫」、「草」そして、「太陽」。

時間も忘れていきました。地を這う虫もヘビも気になりません。どれくらいの時間が経っていったのかもわかりません。
そうしているうちに、人が近づいてくる

のがわかりました。森の儀式の終了です。

僕は、滝の儀式、森の儀式によって、束の間ですが、ジャングルと一体になれた感じがしました。そして、恐れと思考はセットだということもよくわかりました。

アチュアル族の人々が、どのようなことにも動じないように見えるのは、子どもの頃から、このような儀式に慣れ親しんでいるからなのでしょう。

大雨で中断されてしまったヴィジョンを観る儀式

滝の儀式、森の儀式を終えて、いよいよ最後の儀式です。一晩かけて行います。その日は、何も食べ物を口にしません。最後の儀式のために、絶食です。

日が暮れる頃、準備が始まりました。広場に地面の上で横になれるようにバナナの葉っぱが敷かれます。また、小屋の屋根のあるところにも、儀式が終わったときに眠れるよう、蚊帳とブランケットが用意されました。儀式が終わる頃は深夜です。また儀式で意識も朦朧とするので、先にベッドを用意しておくのです。

完全に準備が整ったころには、あたりは真っ暗になっていました。シャーマンが、一人ひとり呼びだしていきます。不思議な口笛を用いた歌を奏でます。

その後、広場のバナナの葉っぱの上で横になります。空にはどす黒い雲がかかっていました。夕方まで晴れていたのに、日が陰ってから急に曇りだしたのです。シャーマンのガイドにより、意識がだんだん朦朧としてきました。それとともに、雷が激しくなってきました。空全体に稲妻が走るぐらい雷が近づいてきました。

雷で光る空を見ながら、僕はトランス状態に入っていました。

しばらくして、頭の中で3回、「グアン、グアン、グア〜〜ン」と音が鳴りました。大きな銅鑼《どら》の音でした。このとき、銅鑼の音以外のことは、記憶に残っていません。3回、頭の中で銅鑼が鳴っただけでした。

そのあと、僕は起こされて、シャーマンが、さらに深く入るための呪文を念じてくれました。その呪文を唱えた、ちょうどそのとき、大雨が降り出したのです。みんなが流されてしまうんじゃないかと思うぐらいの豪雨です。

外で眠っていた人達も、起こされて軒下に避難させられました。僕の深く入るための儀式も取りやめです。なんとかみんな、屋根の下の蚊帳に入ることができました。

儀式はそこで中断しました。

その激しい雨は、明け方まで続き、太陽が昇る頃、ピタッと止んで、大きな美しい虹が懸かったのです。昨日の激しい雨などなかったかのように穏やかな朝でした。

楽しみにしていた最後の儀式は、半分で終わってしまいました。

それに関して、朝食後、僕はシャーマンから解説を受けたのです。

銅鑼が3回鳴った意味

「グアン、グアン、グア〜〜ン」

3回の銅鑼の音。その意味は、何だったのでしょう。

朝食後、みんなが集められました。最後の儀式で得た啓示を読み解く時間です。一人ひとり、順番に前夜観たヴィジョンをシャーマンに話します。シャーマンは、直感を使って、啓

示の意味を解説してくれるのです。

驚いたことに、半分で儀式が終わったにもかかわらず、僕以外のみなさんは、ヴィジョンをちゃんと観ていました。それをシャーマンに話して、それぞれ啓示の意味を手に入れたのです。

最後に、僕の番です。僕は、シャーマンに話し始めました。

「この中で、儀式を二度体験したことがあるのは、僕だけです。

前回の儀式では、とてもはっきりとした映像が見えました。スーパーマンの『S』のマークが見え、そのマークが地球を巡って飛び回っているビジョンでした。僕は、その後、そのヴィジョン通り、世界を飛び回る旅をしました」

このように、前回見たヴィジョンの解説から入りました。

そして、前回のアマゾンへの旅がきっかけになり、世界を回る旅を始めたことを話したのです。

「でも、今回は、なかなかヴィジョンを観るような意識になれず、銅鑼の音が、3回鳴っただけで終わったんです。

そして、あなたに呼び出されて、さらに深く入るための呪文が始まったときに、雨が降り出して覚めてしまいました。それで終わりです。

どんな意味がありますか？」

シャーマンは、答えてくれました。

「おまえに、後半の儀式をやろうとしたときを覚えているか？

始めた瞬間に大雨が降り出した。

それには意味がある。今は啓示を受け取る時期ではないという意味だ。

そして、銅鑼の音、3回鳴った音は、雷だ。雷がおまえを呼び覚ました」

こんな風に、語ってくれました。そして、さらに続きます。

「おまえは、またここに来る。そして、儀式の後半を受けることになる。

そのとき、おまえは再び啓示を受け取ることになるだろう。

私は、おまえが戻ってくるのをここで待つ。
また、ここに来なさい」
シャーマンは、このように締めくくったのでした。

ひとつのサイクルの完了

ジャングルからの帰り道、ずっとこのときのシャーマンの解説を考えていました。

そして、はっと、思うことがありました。


それは、銅鑼の音です。

シャーマンに雷だと言われました。


実は、ブータン王国は、別名を「電龍」といいます。そして、法具で使う銅鑼には、よく龍が装飾されています。あの3回の銅鑼の音は、ブータン王国を表していたのではないでしょうか。

そして、3回の音というのは、3度目のアマゾンの旅を示唆しているのかもしれません。

もし、あのとき雨が降りだすのが遅れて、儀式が中断されずに、完全な啓示をもらっていたとしたら、僕は、もう再び、ジャングルに行きたいと思わなかったかもしれません。でも、シャーマンから、「おまえが帰ってくるのを待っている」と言われ、また訪れなくてはならないと思うようになっていました。

そう考えていたら、ジャングルに興味を持ってくれた多くの人々と、アマゾンを訪れる映像が頭に浮かんできました。中断されたヴィジョンの続きかもしれません。

それを実行できたとしたら、僕にとって、この上ない喜びになることでしょう。

アマゾンをはじめ、ヒマラヤ、極地へ、興味のある人々と共に行く。

他では絶対にできないような体験に導く。

地球の美しさ、雄大な自然、どこまでも続く緑、明け方の鳥たちのハーモニー、究極に幸せな人々の笑顔、そんな得難い宝物のような体験をするきっかけを創る。

そして、様々な場所で、この美しい地球のことを語り、幸せに生きている人々のことを語る。

そんなヴィジョンが脳裏に展開しました。

最後に、ジャングルを離れるとき、ガイドのダニエルを通じ、アチュアル族のみなさんに、僕が見てきた世界のこと、融合点のことを、伝えてもらいました。

特にブータン王国のことは詳しく伝えました。アチュアル族にとって、ブータンのあり方は、とても参考になると思ったからです。

アチュアル族も、これから、テクノロジーとお金を取り入れていくことになります。そのとき、ブータンのように、部族の幸せを軸に考えること。テクノロジーはできるだけゆっくり取り入れること。民族のアイデンティティを守っていくこと。この3つが特に大切になると思います。

こうして、僕の4年に渡る探求の旅が完結しました。

コンドルとイーグル——互いの良い面を併せ持つ世界

お金というものを持たない先住民の生活を見てみたい。

そんな好奇心からスタートして、世界を回ることになりました。

そして、人類の次のステージとも言える、２つの世界の融合点を探す旅をしたわけです。


２つの世界のひとつは、自然との調和と直感を使う先住民の文明。

もうひとつは、テクノロジーと思考を使う私達の文明です。

この２つの文明が融合した時、人類は大いなる繁栄を謳歌すると言われています。


そして、この２つの文明の融合点を探して、世界のユニークな場所を周り、見つけ出したのが、グリーンランドであり、ブータン王国でした。

また、他に訪ねた国々も人類の課題を見せてくれたり、融合点のヒントをくれたりしました。

それらがまとまり、次のステージの大枠が見えてきました。

ＡＩやロボット工学などの大展開を直前に控えた現代、その中で大切なこと、外してはいけないことを、世界を巡る旅でコレクションできたように思います。

僕たちの文明は、テクノロジーだけに走ってはいけません。思考に偏りすぎるのもだめです。

自然と調和する方向性を持ち、直感を使う生き方を取り入れなければならないのです。

そうすることによってバランスが取れ、テクノロジーが最大限に生かされ、思考も有効に使えるようになるのです。

僕たちの文明に生きる人は、先住民を先生とし、自然と調和する体験を持つと開花します。直感力も先住民にガイドしてもらいながら自然の中で鍛えると、驚くほど研ぎ澄まされていきます。

一方の先住民の人々は、テクノロジーをゆっくり取り入れながら、物質的な豊かさを徐々に増やしていくのが良いでしょう。急いで取り入れると、彼らが祖先から受け継いだ大切な伝統が、簡単に壊れてしまうからです。

ブータン王国が実践しているように、民族のアイデンティティーを守りながら、できるだけ緩やかにテクノロジーを入れていくことが大切です。

2度目にジャングルに入ったとき、あるアチュアル族のお家に、ソーラーパネルが設置されているのを見ました。小さなものですが、ジャングルにLEDの明かりが灯ったのです。それによって、夜、子どもが間違って毒ヘビを踏みつけたりすることを心配をしなくてよくなりました。トイレに安心して行けるようになったのです。

また、アチュアル族の一部の村では、子どもたちが教育を受けられるようになりました。さらに、とても細いラインですが、インターネット回線が繋がったところもあります。その場所の先住民とは、スペイン語と日本語の翻訳機能を使い、メッセージをやりとりすることができるようにもなりました。

今では、いつでも、ジャングルの生活を垣間見ることができ、現代のテクノロジーが、2つの世界をリアルタイムで繋いでくれているのです。

想像してみてください。

もし、僕たちが、アチュアル族の自然を育み守る価値観をもちつつ、最先端の現代テクノロジーを使えたとしたら、いったいどんな世界を創るでしょう？

また、アチュアル族が、いままでの分かち合い助け合う生き方を維持しながら、現代テクノロジーを取り入れたとしたらどうでしょう。彼らは、どんな世界を創り上げると思いますか？

お互いの文明を理解し、互いに良いところを併せ持ちながら暮らしていくことで、2つの文明は、共に繁栄していきます。

神話が指し示す、コンドルとイーグルが共に同じ空を飛ぶ世界が、そこにあるのです。

エピローグ

新型コロナウイルスによって、時間が10年ほど早まりました。

この本の原稿を書き出したときには、ベーシックインカムのことを話す人は、まだまだ限られていました。

僕自身、すべての人に無条件で一定額を給付するユニバーサルベーシックインカムのことを知ったとき、アチュアル族と森の関係「森は無料のスーパーマーケット」という感覚を、僕たちの社会で味わえる制度だと感動しました。

しかし、現実に、その制度を取り入れる国が出てくるとは、その時点では思えなかったのです。

特に日本では認知されることすら時間がかかると思っていました。

それが、この新型コロナウイルスのパンデミックにより、ベーシックインカムという言葉が、ごく一般的に議論されるようになり、多くの人が、そのことを知るようになりました。

そして、低所得者に限定されますが、実際にベーシックインカムを導入する国があらわれたのです。

日本でも、全国民一人ひとりに10万円の給付金が支払われました。

いまのところ、一度だけですが、もしこのような給付金が毎月支給されるとなると、完全な形のユニバーサルベーシックインカムになります。

そして、この新型コロナウイルスのパンデミックによる影響は、先住民も含め世界全体で同時に起こりました。

尊い命が奪われ、そのため、どの国の人々も、行動制限、マスク着用、ソーシャルディスタンスなどを体験しました。

世界中同時に、同じシチュエーション。

こんなことは、歴史上、いまだかつてなかったことです。

世界人類が、共通の敵に対峙するという経験。
それまでの生活を見直すという機会です。

それによって、都会よりも、郊外で暮らすことを選ぶ人々が増えました。
植物を育てることに目覚めた人。
山に入ってキャンプを始めた人。
大切な人との繋がりを見直せた人もいます。

さらに、「もっともっと」や「足りない」という状態から、「いまのままで満たされている」「すでに足りている」ということに気づいた人々もたくさんいたことでしょう。

新型コロナウイルスは、辛く苦しい試練を人類に与えました。
それは同時に、人類全体の意識を上げることにもなりました。

コンドルとイーグルが共に飛び立つときは、もうすぐそこです。

苦しみの後には、喜びが待っています。
あとすこし。
ほんのすこし。

あとがき

最初に、原稿に向かってから、どれくらいの時間が経ったことでしょう。

何度も立ち止まり、何度も諦めかけました。

それでも、ここまで書きすすめられたのは、メンターのアドバイスと、たくさんの友人の励まし、そして、家族の応援があったからです。


最後に、この本の刊行にあたりご協力いただいた、自由国民社の竹内編集局長。ならびに、作家プロデューサーの山本時嗣さん。

執筆のアドバイスを頂いた、本田健さん、ジュリアさん。

初めてのアマゾン旅行にいざなってくれた、リン・トゥイストさん。アマゾンをガイドしてくれた、ダニエル・クーパマンさん。一緒に旅した、セブンジェネレーションズのみなさん。先住民アチュアル族とサン・クレメンテ村のみなさん。

北極海にいざなってくれた、故C・W・ニコルさん。イヌイットのみなさん。

ブータンに導いてくれた、ルネッサンス・アイズの松尾一也さん、ブータンとチベット仏教の専門家牧野宗永さん。

友人の小貫夫妻、小林夫妻、長井夫妻。

旅を終えるたびにセミナーに足を運んでくださったみなさん。

そして、三人の子どもたちと、最大の理解者である妻のマーヤ。

この本を手に取ってくれたみなさまに心からのお礼を申し上げます。

「これから、素晴らしい世界が待っています。

楽しみにしてください」

ヒロカズマ

［著者プロフィール］

ヒロ　カズマ（ひろ・かずま）　素晴らしい世界ナビ

大阪生まれ。セミナー会社を経営し、いくつかの不動産を所有する自由人。ライフワークとして「幸せに豊かに生きる方法」を伝え広めている。近年では、南米アマゾン・インド・北極圏・ヒマラヤなどを巡り、人類の幸せな生き方を探求する。オンライン塾「素晴らしい世界」も開講。

子どもの頃からアインシュタインに憧れ、大学では物理学を専攻。短い会社勤めの後、和歌山でウインドサーフィンスクールを経営する。理想の波を求めて、20年間にわたって、毎年冬にオーストラリアで過ごすというユニークなライフスタイルをエンジョイしてきた。その後、能力開発やセミナーに興味を持ち研究を深める。どうしたら人が自由に才能を伸ばし、豊かに生きることができるかをテーマに、多くの人を対象に、講演・セミナー・コーチングを行ってきた。四代目として豊かな子ども時代を送ったために、独自の金銭哲学を持ち、そのユニークな視点からの明快なアドバイスを求め、全国からファンが訪れている。

南米アマゾンに暮らすアチュアル族を訪ねる旅をきっかけに、インド、北極圏、ヒマラヤを巡り、先住民族の文明と私達の文明の融合点がこれからの時代を豊かに生きる鍵だと気づく。そして、2つの文明が融合した後に訪れる素晴らしい世界を伝えている。

Special Thanks to
作家プロデュース　山本時嗣（ダーナ）

これからやってくる素晴《すば》らしい世界《せかい》の話《はなし》

二〇二一年（令和三年）六月二十六日　初版第一刷発行

著　者　ヒロ　カズマ
発行者　石井　悟
発行所　株式会社自由国民社
東京都豊島区高田三―一〇―一一　〒一七一―〇〇三三
電話〇三―六二三三―〇七八一（代表）
造　本　ＪＫ
印刷所　奥村印刷株式会社
製本所　新風製本株式会社